FORASTEIROS

RODRIGO BARNESCHI

FORASTEIROS

Crônicas, vivências e reflexões de um torcedor visitante

Copyright © 2021 Rodrigo Barneschi
Copyright desta edição © 2021 Editora Grande Área

Preparação
Andressa Bezerra Corrêa

Revisão
BR75 | Aline Canejo

Capa e projeto gráfico
BR75 | Luiza Aché

Diagramação
BR75 | Luiza Aché

Produção editorial
BR75 | Clarisse Cintra e Silvia Rebello

Foto de capa
Canon2260/Alamy Stock Photo

Fotos de miolo
Gabriel Uchida

Dados Internacionais de Catalogação na Publicação (CIP)
Angélica Ilacqua CRB-8/7057

B241f	Barneschi, Rodrigo Forasteiros: crônicas, vivências e reflexões de um torcedor visitante / Rodrigo Barneschi. — Campinas, SP: Editora Grande Área, 2021. 272 p. ISBN 978-65-88727-08-9 1. Futebol – História I. Título
21-2181	CDD 796.33409

Índices para catálogo sistemático:
1. Futebol - História

Aos torcedores com quem tive a
honra de lutar nas trincheiras
imaginárias do futebol: aos
amigos que a arquibancada me deu,
aos companheiros de grandes
ou pequenas batalhas e aos desconhecidos
com quem compartilhei os melhores,
os piores e os mais intensos
momentos da minha vida.

Ninguém
Ninguém vai me sujeitar
A trancar no peito a minha paixão
[...]
Enquanto eu puder cantar
Alguém vai ter que me ouvir
Enquanto eu puder cantar
Enquanto eu puder seguir

Chico Buarque, "Cordão", 1971

SUMÁRIO

PREFÁCIO 13
O TORCEDOR VISITANTE 19
CARAVANAS 21

1. O OUTRO LADO 27
SÃO VICENTE, 1990

2. FRONTEIRAS VISÍVEIS 31
SÃO PAULO, 1992-1999

3. *CIELITO LINDO* 35
MORUMBI, SÃO PAULO, 1997-2008

4. O COMBOIO, O TROPEIRO E A SANTA 39
MINEIRÃO, BELO HORIZONTE, 2001

5. O PÂNTANO E O ESTÁDIO DE MADEIRA 47
   CAIO MARTINS, NITERÓI, 2003

6. FORASTEIRO EM CASA 51
   MORUMBI, SÃO PAULO, 2005-2006

7. INFILTRADO 57
   SÃO PAULO, 2000-2017

8. TIJUCA, BRASIL 69
   MARACANÃ, RIO DE JANEIRO, 2007-2019

9. RESGATE 85
   ILHA DO RETIRO, RECIFE, 2009

10. EMBARQUES E DESEMBARQUES 89
    CENTENÁRIO, MONTEVIDÉU, 2009

11. A TRILOGIA DE DÉRBIS 95
    PRUDENTÃO, PRESIDENTE PRUDENTE, 2009

12. *LATINOAMÉRICA* 99
    ARGENTINA, BOLÍVIA E CHILE, 2010-2014

13. MEUS CAROS AMIGOS 111
    PITUAÇU, SALVADOR, 2011

14. HONREM ESSA HISTÓRIA 115
PACAEMBU, SÃO PAULO, 2011

15. ETERNA DESPEDIDA 125
OLÍMPICO, PORTO ALEGRE, 2012

16. 433 DIAS DEPOIS 129
COUTO PEREIRA, CURITIBA, 2011-2012

17. ADEUS A UM ÍDOLO 135
SÃO JANUÁRIO, RIO DE JANEIRO, 2012

18. INTERIORES 139
GO, MG, MT, SP, 2008-2019

19. INTELIGÊNCIA ORGANIZADA 151
ARENA CORINTHIANS, SÃO PAULO, 2014

20. CÓDIGOS DA ARQUIBANCADA 153
ARENA DA BAIXADA, CURITIBA, 2014

21. CAMUFLAGEM COLORADA 165
BEIRA-RIO, PORTO ALEGRE, 2015

22. ELOGIO À PRECARIEDADE 171
VILA BELMIRO, SANTOS, 2015

23. ESTRADAS, AEROPORTOS E CONFINS... 175
BELO HORIZONTE, 2015-2019

24. ARAPUCA FEDERAL ... 185
MANÉ GARRINCHA, BRASÍLIA, 2016-2019

25. BATALHA CAMPAL ... 197
CAMPEÓN DEL SIGLO, MONTEVIDÉU, 2017

26. O SILÊNCIO DOS IMPEDIDOS ... 203
PALESTRA ITÁLIA, SÃO PAULO, 2018

27. NOITES PORTENHAS ... 207
LA BOMBONERA, BUENOS AIRES, 2018

28. A FINAL POSSÍVEL ... 211
MARACANÃ, RIO DE JANEIRO, 2018

29. CARTA AO PEQUENO CAMPEÃO ... 217
SÃO JANUÁRIO, RIO DE JANEIRO, 2018

30. CIDADÃOS ... 223
NUEVO GASÓMETRO, BUENOS AIRES, 2019

31. VITÓRIA CANCELADA ... 229
ARENA DO GRÊMIO, PORTO ALEGRE, 2019

32. REENCONTROS 233
MARACANÃ, RIO DE JANEIRO, 2021

EPÍLOGO 241

AGRADECIMENTOS DO AUTOR 245

AGRADECIMENTO ESPECIAL
AOS LEITORES DA GRANDE ÁREA 249

PREFÁCIO

Luiz Antonio Simas

Eu vi o mundo... ele começava no Recife é um famoso painel pintado pelo pernambucano Cícero Dias, em 1929, que causou certo escândalo na década de 1930, pelo tamanho da obra e pelo emaranhado de referências expressas pelo artista a tudo aquilo que, mais que lhe causar afetos, despertava assombros. *Forasteiros*, o livro de Rodrigo Barneschi que as leitoras e os leitores têm em mãos, poderia perfeitamente se chamar *Eu vi o mundo... ele começava em um estádio*.

Essa talvez não seja a forma mais comum de iniciar a apresentação de um livro sobre futebol, mas *Forasteiros* está longe de ser comum. Feita a observação, afirmo que a primeira referência que me veio à cabeça ao terminar a leitura do trabalho de Barneschi foi acerca dos tupinambás, povos originários que habitavam parte considerável do litoral brasileiro nos idos do século XVI e que acabaram dizimados nos confrontos decorrentes da invasão portuguesa do território. Para os tupinambás, o inimigo é um constituinte do ser e, como tal, não pode ser aniquilado, já que isso representaria a impossibilidade da nossa própria existência.

Em certa ocasião, depois de expulsarem os carijós e passarem a dominar o recôncavo da Baía da Guanabara, os tupinambás descobriram que não tinham mais os oponentes que, em larga medida, davam sentido às suas próprias existências. Resolveram, então, se dividir em dois grupos — os tamoios (mais velhos) e os tememinós (mais novos) — para que o jogo continuasse, as batalhas acontecessem e as vidas adquirissem renovados sentidos, apenas possíveis diante do exercício da alteridade, da admiração temerária pelo inimigo e do desejo de devorá-lo em rituais. Eles sabiam que não existe jogo com torcida única.

Os textos que compõem o livro são relatos e reflexões do autor sobre sua intensa vivência como um andarilho do futebol, acompanhando o Palmeiras como membro de uma torcida organizada, com amigos ou em voos solos. O mote são os jogos fora de casa, por boa parte do território brasileiro e países como Argentina, Chile, Bolívia e Uruguai. Ao fazer isso, Barneschi acaba escrevendo um tratado que, partindo de experiências pessoais, vai além e, como uma oferenda a Exu (o orixá das ruas, mensageiro e senhor da inquietude dos caminhos), finca bandeira na encruzilhada em que o jornalismo, o memorialismo, a sociologia do esporte e a literatura de viagem se encontram — a ponto de, em certo momento, não distinguirmos mais uma coisa da outra. *Forasteiros* é um livro que desmonta fronteiras.

Com absoluto conhecimento de causa, couro curtido em centenas de arquibancadas e balcões de bar, o autor elege o torcedor visitante, aquele que assiste aos jogos do time em território hostil, como uma espécie de protagonista esquecido, relegado aos subterrâneos de tudo que cerca a bola, desprezado pela crônica esportiva, despercebido pela maior parte dos pesquisadores. Quase um pária do ambiente do futebol, em suma.

Walter Benjamin — o filósofo alemão que disse que, para se conhecer uma cidade, basta saber onde se beber cerveja — clamava pela necessidade de se escovar a história a contrapelo, em um exercício de escuta de narrativas silenciadas, vozes abafadas, trajetórias obscurecidas. O Caboclo da Pedra Preta, entidade famosa das macumbas brasileiras que usava o pai de santo Joãozinho da Gomeia como cavalo para passear no mundo, bradava em seu ponto que as pedrinhas miudinhas iluminam mais que as pedras imensas. Os protagonistas esquecidos de *Forasteiros* são pedras miúdas, personagens do contrapelo na história do futebol. E isto, em Rodrigo Barneschi, mais do que uma perspectiva para a produção de um relato em livro, é uma maneira de perceber a vida.

É neste ponto que me ocorre confessar, mergulhado nos perrengues, alegrias, porradas, sufocos, triunfos e derrotas retumbantes, que na minha experiência como torcedor nunca fui um forasteiro. As vezes em que fui a jogos do meu time fora da cidade renderiam, no máximo, meia dúzia de crônicas mal-ajambradas. Não obstante, cansei de passar, no velho Maracanã, pelo ritual da descida da rampa após os clássicos cariocas.

Era uma época em que a entrada e a saída dos torcedores podiam acontecer indistintamente por uma das duas rampas de acesso ao estádio, a da Universidade do Estado do Rio de Janeiro (Uerj) e a da estátua do Bellini. No fim dos jogos, era comum que torcedores comungassem das experiências do triunfo e da derrota saindo relativamente próximos. Eventualmente pipocava a porrada, mas em geral o que ocorria era mesmo a sacanagem que os vencedores expressavam em cantos de guerra, berrados na cara dos derrotados. Em estádios, certamente perdi mais do que ganhei.

De certa forma, estar diante do oponente, zombar dele em caso de triunfo e aguentar as provocações em caso de derrota, sentir raiva, querer aqui ou ali reagir no braço, forjou uma geração de torcedores a reconhecer a existência do outro. Quero crer que isso transcendia as arquibancadas e acabava moldando maneiras de encarar o mundo, construir sociabilidades, estabelecer pertencimentos. Eu existo, no fim das contas, porque meu inimigo existe, como sabiam os tupinambás e sabem os forasteiros do futebol.

O problema — e aqui o livro de Barneschi transcende os caminhos da bola e joga o sal na ferida aberta — é que as experiências constituintes do ser que eram forjadas nos estádios estão desaparecendo. O que temos hoje é um futebol que, de forma acelerada, passa por um processo de elitização que solapa o jogo como um evento da cultura e o reduz a um episódio da cultura do evento, mensurado pelos anseios de engravatados devotos do deus mercado. No primeiro caso, o do evento da cultura, prevalece o torcedor; na segunda perspectiva, a da cultura do evento, interessa apenas o cliente, encarado como uma espécie de "consumidor do produto futebol". Dá-se, então, o desencantamento do mundo.

Nestes tempos terríveis, o torcedor visitante, que já não era benquisto em antanho, se transformou em um ente indesejável; uma pústula que precisa ser purgada e desaparecer das arenas assépticas. Vão morrendo as sociabilidades construídas em arquibancadas, viagens, bares e calçadas. E lá se vão as redes de proteção social, a diluição do indivíduo na ilusão aconchegante do ser coletivo, a aversão ao inimigo que, no fundo, era o reconhecimento do outro como parte integrante daquilo que somos. Tudo isso que o futebol permitiu (Barneschi fala apropriadamente em "forjar o caráter") parece se esvair diante dos novos tipos que andam frequentando os estádios, mais interessados em postar *selfies* em tempo real nas redes sociais do que se entregar à experiência física e metafísica do jogo, numa dimensão em que o sagrado e o profano se atracam para virar uma coisa só.

Para concluir, já que comecei com os tupinambás, foi inevitável para mim não pensar, enquanto lia cada linha de *Forasteiros*, no que propõe a filósofa nigeriana Oyèrónkẹ́ Oyěwùmí, quando afirma que é muito limitadora a ideia de que temos uma visão de mundo. Mais do que simplesmente visto, o mundo é percebido, sentido, cheirado, comido, bebido, escutado, intuído, encorpado. Da mesma forma, é reducionismo dizer que o forasteiro apenas viu os jogos.

Nas páginas de Barneschi, cada experiência do futebol — desde o dia em que o menino viu a torcida rival passando aos berros em alguns ônibus, na comemoração de um triunfo, até o torcedor que encarou o dilema ético de ir ao jogo decisivo em tempos de pandemia — é dotada de múltiplos sentidos, medos, arrepios, cheiros, sons, visões, visagens, desconfianças, corporeidades. É disso que se trata. Quem conhece o mundo, no fim das contas, talvez não conheça qualquer estádio de futebol. Quem frequenta estádios de futebol, todavia, corre o risco sublime e desconfortável de um dia conhecer o mundo por uma fresta onde, em alguma medida, todos somos forasteiros, mesmo naquilo que nos é pertencimento, angústia, febre terçã, paixão e arte.

RODRIGO BARNESCHI

O TORCEDOR VISITANTE

Ao torcedor visitante cabe a missão de calar um estádio. É ele que, de peito aberto, encara a multidão que o odeia. É ele que, longe de casa, se reconhece como minoria e canta mais alto do que julgava ser capaz — por ele e por todos os seus que junto dele não podem estar. É ele o guerreiro que enfrenta uma batalha em terras distantes para retornar com o rival a seus pés. É ele que explora arquibancadas hostis só para deixar suor e lágrimas em um pedaço de concreto isolado por grades e cercado por adversários. É ele que segue um clube não por acreditar que a vitória virá sempre, mas por saber que precisa acompanhá-lo, mesmo quando a derrota parece ser o desfecho mais provável.

É ele que viaja para tão longe não pelos onze homens que vão a campo, mas pelas onze camisas que ao campo poderiam ir sozinhas. É ele que, ao voltar para casa, será recebido como vencedor pelo simples fato de ter honrado a história construída por todos aqueles que o antecederam.

CARAVANAS

A arquibancada entrou tarde na minha vida, em 1992, quando eu tinha onze anos — já o Lorenzo, meu primeiro filho, comemorou comigo um título brasileiro em São Januário antes de completar o segundo aniversário; o mais novo, Nicolas, com oito meses já estava engatinhando em um estádio. Ocorre que meu pai não era muito afeito a ver futebol na arquibancada, e coube a um tio a tarefa de me levar ao campo. As visitas esporádicas, três ou quatro por ano, foram suficientes para criar um vínculo sem igual.

Meu tio Douglas costumava frequentar a numerada coberta do antigo Palestra Itália, e foi lá que eu assisti às minhas primeiras dezenas de partidas. Percebi logo que, por vontade própria, não continuaria nas cadeiras numeradas, mas o setor me propiciou uma visão panorâmica daquele que seria o meu lugar no estádio.

Bem em frente, a imensa faixa da Mancha Verde me seduziu tanto quanto o ritmo da bateria, as músicas que se sucediam e o tremular das bandeiras. O mar branco do outro lado — sim, o uniforme da maior torcida organizada palmeirense é uma camisa branca e, por isso, ela se sobressai — despertou em mim um fascínio instantâneo, contrastando com o temor que os vizinhos de cadeira não conseguiam disfarçar.

Comecei a trabalhar aos dezesseis anos para poder viver plenamente aquela emoção, separada de mim por um Jardim Suspenso de distância. Com o primeiro salário no bolso, ganhei independência para ir aos jogos por conta própria. E foi assim, no quadrangular final do Campeonato Brasileiro de 1997, que a arquibancada tornou-se parte indissociável de quem eu sou. Indo e voltando de ônibus de linha, conheci as lideranças dos bairros (e logo me tornei uma delas), associei-me à Mancha Verde e adentrei um novo mundo.

As viagens para jogos fora de casa surgiram como consequência desse processo — a despeito da oposição ferrenha de meus pais, aos quais hoje dou certa razão — e minha relação com o futebol tornou-se obsessiva. A obstinação por seguir o clube a todos os lados me transformou em uma pessoa lastimavelmente radical e incapaz de fazer concessões. Passei a me sentir ofendido diante da pergunta "você foi ao estádio?", pelo simples fato de alguém considerar a hipótese de eu não ter ido a uma partida do meu time. Acumulei sequências de até cinco anos comparecendo a todos os duelos caseiros, só falhando pontualmente devido a longas viagens ao exterior.

Minhas decisões passaram a ser calculadas em função do calendário do Palmeiras. Férias só podem ser marcadas após a divulgação de todas as tabelas, assim como o aproveitamento de feriados — foram dezenas de viagens que deixei de fazer (sozinho ou já com a família) por causa de, digamos, um obscuro Palmeiras × Linense. A agenda profissional também se adapta: sempre evito reuniões que possam conflitar com o horário de seguir para o estádio.

Até meu casamento obedeceu a essa resolução: a cerimônia foi marcada com enorme antecedência para um sábado de meados de dezembro, de modo a eliminar qualquer chance de conflito com uma rodada do Campeonato Brasileiro. À época, assim me justifiquei: "Imagine só, meu bem, se a CBF marcar um jogo para o mesmo horário do casamento. Vai ser uma vergonha para mim e metade dos convidados não vai aparecer. Inclusive o noivo".

Reconheço-me, pois, em um trecho de *Fever Pitch* [*Febre de bola*, no título em português]. No começo da década de 1990, Nick Hornby delineou o que eu viria a me tornar nas décadas seguintes:

De modo que já houve convites de casamento que eu tive — com relutância, mas de forma inevitável — de recusar, embora sempre tomando o cuidado de providenciar uma desculpa socialmente aceitável que envolvesse problemas familiares ou dificuldades no trabalho; pois "jogo em casa contra o Sheffield United" é considerada uma explicação inadequada em situações como essas.

Incontáveis fatores levam alguém a se deixar fascinar pela arquibancada, mas creio que nenhum é tão determinante quanto a experiência de ser torcedor visitante. Nada no futebol provoca tamanha profusão de sentimentos ou exige tanto, em termos de renúncias e sacrifícios. Ser torcedor visitante evoca o caráter identitário de pertencer a uma coletividade que se opõe a outra, e integrar esse grupo pode ser tanto um escudo quanto uma razão de viver.

Permito-me trabalhar com uma analogia cinematográfica, a do forasteiro que chega ao empoeirado vilarejo de antigos faroestes. Com a trilha sonora de Ennio Morricone, peço que imagine a figura arquetípica de um Clint Eastwood a colocar os pés na rua principal e caminhar, lentamente, em direção ao *saloon*. Ele pode ser visto como o bárbaro invasor ou como uma figura misteriosa, mas sua presença não fica incógnita: todos no povoado o observam, uns mais descaradamente, outros pela fresta de uma cortina que logo se fecha.

É assim também com o torcedor de fora, que invade uma cidade para representar seu time. O encontro com a população local pode vir acompanhado de animosidade, admiração, espanto, de outras tantas reações, exceto indiferença. O viajante futebolístico, sozinho ou como parte da multidão, é visto como forasteiro e comporta-se como tal.

Por isso, só fui me realizar plenamente como torcedor depois da primeira incursão além da Grande São Paulo. Foi em 2000, em uma viagem a Americana, 130 quilômetros distante da capital paulista. Ainda que a torcida alviverde suplantasse numericamente a do Rio Branco, comecei a entender o significado de, ladeado por centenas que vestem a mesma camisa, seguir até um território desconhecido para defender uma causa.

Americana foi o ponto de partida para o interior e, consequentemente, para o litoral (Araras, Campinas, Piracicaba, Santos, outras tantas cidades). Depois, Rio de Janeiro, Belo Horizonte, Curitiba. Mais adiante, profissionalmente estabelecido e com a vida pessoal bem resolvida, romperam-se as barreiras que me separavam de regiões distantes ou outros países.

Ao longo das últimas décadas, superei trezentos jogos longe de casa e desconheço algo que não tenha presenciado em quase uma centena de estádios pelo mundo. Mas nunca aceitei o fato de o esforço descomunal empreendido pelo viajante da arquibancada ser tratado com desdém por autoridades, clubes, imprensa e mesmo por outros torcedores.

Em que pesem suas histórias grandiosas, o torcedor visitante tem seu papel negligenciado na cobertura jornalística. Este livro existe para tentar preencher essa lacuna, apresentando devidamente um protagonista esquecido.

E é um livro porque, nesses tempos em que se valoriza um imediatismo irreflexivo estimulado pelos comentários nas redes sociais, este se mostra o meio apropriado para reunir histórias que sobrevivem ao tempo.

Esta obra representa também o pagamento de uma promessa, feita nos tempos do *Forza Palestra*,[1] meu blog entre 2006 e 2015. Ali estão as raízes do que o leitor vai encontrar nos próximos 32 capítulos. Princípios e valores que são inegociáveis, em defesa da cultura torcedora.

Que fique claro: não espere encontrar imparcialidade mais adiante. O tom é passional; a abordagem, nada desinteressada; e foi inevitável imprimir certo tom crítico à exposição dos elementos ofensivos à arquibancada. Sendo o viajante o mais impactado pelas agendas de elitização do público e de empobrecimento da festa nos estádios, as crônicas aqui publicadas conduzem o leitor à experiência de quem vivenciou o futebol ao longo das últimas três décadas.

Tal empreitada, centrada em memórias de estádio, só poderia ser assumida por alguém que tem na arquibancada um elemento indisso-

---

[1] Disponível em: http://forzapalestra.blogspot.com.

ciável de sua identidade — do contrário, não haveria justificativa para sair viajando pelo mundo. E, assim como um jornalista esportivo deve ter seu time do coração, também do autor de uma publicação com essa temática espera-se alguma predileção.

Em que pese a indisfarçável paixão pelo Palmeiras, não poupei esforços para despir as próximas páginas de resquícios de clubismo ou de exacerbação das rivalidades. Para fazer prevalecer na narrativa a defesa de interesses comuns, incorporei referências universais, bem como experiências de imersão em outras torcidas, inclusive rivais.

Como o que une os adversários é muito maior do que aquilo que os separa, o propósito é traduzir, em palavras, os sentimentos e percepções, as dores e alegrias, as agruras e o êxtase de qualquer aficionado. As páginas a seguir foram pensadas para dialogar com o forasteiro que veste e exibe, orgulhosamente, suas cores Brasil afora.

À arquibancada!

1. O OUTRO LADO
SÃO VICENTE, 1990

Os três ônibus despontam ao longe e dobram a esquina, entrando na rua onde passei boa parte da infância. Nota-se um alvoroço, mas não há muito como distinguir do que se trata. Os coletivos avançam, e o som fica mais claro. São gritos. Uma espécie de canto, na verdade. Sim, é definitivamente uma cantoria. Os veículos aproximam-se. Abandono a brincadeira para entender o que acontece. Da calçada em frente ao edifício, consigo visualizar braços e cabeças para fora das janelas.

A rua na qual ficava o apartamento em que minha família passava feriados e temporadas em São Vicente, no litoral sul paulista, é estreita, mas pode funcionar como via de conexão entre a rodovia dos Imigrantes e a cidade de Santos. E essa foi a rota encontrada pelos condutores dos três veículos para concluir a descida da serra naquele domingo à noite. Sem espaço para manter a velocidade, os ônibus passam vagarosamente.

Os passageiros, alguns com meio corpo para fora, transmitem a mensagem com uma rima tão primitiva quanto eficaz: "Eu, eu, eu, o Palmeiras se fodeu!". Sim, era o caso: Palmeiras e Santos tinham se enfrentado poucas horas antes, no Morumbi, com vitória alvinegra por 2 a 1.

Eu havia acompanhado a partida pelo rádio, o único jeito possível para uma criança nascida na década de 1980. Apesar de sofrer com a derrota, deixei o apartamento para fazer o que cabe a uma criança: brincar.

Mas foi passar a caravana de santistas recém-chegados do Morumbi para que brincadeira alguma fizesse sentido. Aos nove anos, eu já vivia o futebol intensamente e recebi a cantoria como uma convocação.

Os adultos reagiram ao canto com indisfarçável reprovação. Minha querida avó, disso eu me lembro bem, procurou me defender da demonstração de barbárie: "Mas eles precisam usar esse tipo de palavrão?". Houve ainda quem olhasse torto ou mesmo fizesse algum gesto — depois de os ônibus já terem passado, evidentemente.

Pois eu não posso esconder, trinta anos depois, o arrebatamento provocado pelo comboio alvinegro naquele encontro casual. Enquanto os mais velhos mostravam-se indignados com o comportamento dos santistas, eu fui tomado pela certeza de que um dia teria a chance de fazer o mesmo. A despeito de os sujeitos terem pisoteado minha dor, eu queria ser um deles — mas com uma camisa diferente.

Comecei a entender, naquele início de noite em São Vicente, que o futebol tem outro lado, o do adversário. Até então, minha vivência boleira se resumia a devorar jornais e revistas, ouvir transmissões esportivas no rádio ou acompanhar os gols da rodada pela TV. Era pouco, e essa limitação fazia com que eu não enxergasse nada além de um universo bem particular: meu time, meu estádio, minha torcida.

O grito de guerra não soou como algo ofensivo, mas como se tivesse me colocado em contato direto com o que havia acabado de acontecer no alto da serra. Se eu não podia ir ao estádio — minha estreia demoraria ainda mais dois anos —, os santistas que voltavam para a Baixada se encarregaram de trazer um pouco do jogo até mim. "Esses caras estavam lá, viram os gols e puderam cantar sem parar", pensei.

Foram dias revisitando mentalmente cada fragmento da cena, tentando imaginar quem seriam os sujeitos pendurados para fora das janelas. Se encontrava um santista na rua, logo o tomava como um dos que lotaram os coletivos que passaram justamente na estreita rua do apartamento de praia do meu avô. E o admirava em segredo.

Acredito, ainda, que a pequena caravana alvinegra pode ter tido alguma responsabilidade sobre a obsessão que fui desenvolver nos anos seguintes por ônibus, trens e todo tipo de transporte de massa. Carros nunca fizeram minha cabeça, mas desde moleque mantenho o hábito de decorar números, códigos e itinerários das linhas urbanas, bem como a ordem das estações da rede ferroviária.

Faz mais de duas décadas que o apartamento de São Vicente deixou de pertencer à minha família, e eu nunca mais voltei àquela região do litoral paulista. Se tento projetar em minha mente uma imagem da rua e do prédio, a paisagem inevitavelmente contempla três ônibus idênticos — só não de todo brancos por causa da faixa preta que se estende horizontalmente por toda a carroceria.

A imaginação desconsidera os torcedores pendurados nas janelas, mas eu sei que eles estão lá. E é curioso pensar que, a essa altura, muitos já são quase idosos, quiçá com netos. Para o pequeno torcedor que, em 1990, ainda engatinhava em direção à arquibancada, são vozes guturais que me fizeram encarar o outro lado — reconhecendo-o, ao mesmo tempo, como meu oponente e meu igual.

1. O OUTRO LADO

2. FRONTEIRAS VISÍVEIS
SÃO PAULO, 1992-1999

Não tenho como precisar quais eram os presentes mais desejados por adolescentes no início da década de 1990. Apostaria em videogames, bicicletas e alguma relíquia eletrônica. Pois meu pai reagiu com surpresa quando pedi, como presente de Natal, uma assinatura da *Folha de S.Paulo*. Era a alma jornalística pedindo passagem, querendo começar os dias com o principal jornal do país, da capa ao final do caderno Ilustrada.

Eu era — e ainda sou — obcecado por todo tipo de leitura: devoro livros, revistas e jornais para satisfazer uma inquietude cultural aguçada. Mas a *Folha* não era o único periódico que eu consumia. Gostava de comprar o *Estadão* aos domingos e, ao passar pela banca de jornal, comprava também edições avulsas de *A Gazeta Esportiva* (onde, anos depois, teria início minha carreira no jornalismo).

Em 1993, o Palmeiras ganhou quase tudo o que disputou: entre o Paulista que encerrou um jejum de dezessete anos e a conquista do Brasileirão com relativa folga, uma equipe repleta de reservas ergueu o troféu de um Torneio Rio-São Paulo que só foi digno de nota por causa do adversário na final, o Corinthians.

No primeiro duelo, Edmundo foi expulso depois de uma agressão, não sem antes balançar as redes duas vezes na vitória por 2 a 0. Na finalíssima, também no Pacaembu, um empate sem gols bastou para soltar o grito de "É campeão!", mas minha lembrança mais intensa é de uma foto estampada no jornal do dia seguinte.

Com a testa franzida, dentes à mostra e músculos contraídos, um policial ergue seu cassetete e desfere um golpe violento contra um torcedor que se coloca em posição de combate. Jovem, forte e distinguido pelos ombros largos, o torcedor veste uma camisa regata e faz de seu antebraço direito o escudo contra o impacto que vem de cima para baixo. Sua expressão é selvagem e, cercado por companheiros, ele defende a si próprio e aos que não têm a mesma disposição para o confronto físico.

Passo horas focado na imagem do embate entre o policial e o torcedor. Esqueço de ler o relato da partida. Deixo de lado as notas atribuídas aos jogadores. Nem parece ser o dia seguinte a um título conquistado sobre o arquirrival. O torcedor, sete anos mais velho que eu, é meu primo. E a regata que ele veste é da Gaviões da Fiel.

Fronteiras são marcos geográficos que separam países. Há fronteiras com algum nível de concretude, seja por respeitarem o curso de rios, montanhas ou simplesmente por terem algum outro tipo de barreira física, como muros, que delimitam um território. Mas, na maioria das vezes, são linhas imaginárias e, como tais, invisíveis.

Clubes de futebol não são países. Clubes de futebol são bem mais importantes que países, e suas torcidas valem-se de uma retórica de autoafirmação que incorpora certa alegoria patriótica. A coletividade que apoia um clube se autointitula nação e o embate entre rivais pressupõe a ocupação de territórios urbanos, ecoando um linguajar militarizado: para evitar uma guerra, é preciso separá-los.

Como clubes de futebol importam mais que países, as fronteiras que separam seus representantes são visíveis. Alambrados, cercas móveis, cordas esticadas, grades e, já em desuso, fossos. Há, ainda, linhas demarcatórias tênues nem sempre respeitadas, que sugerem áreas de influência, caminhos utilizados no deslocamento ao estádio e pontos de concentração.

Já nos primórdios de minha experiência na arquibancada, desenvolvi com as fronteiras uma relação ambígua: por um lado, dedico a elas extrema reverência (não aceito a falácia de que opostos deveriam conviver pacificamente), mas, ao mesmo tempo, as encaro menos como fator limitante e mais com olhar aventureiro, como se fossem um portal para explorar diferentes vivências e realidades.

No antigo Palestra Itália, cultivei o hábito de deixar meu lugar na Mancha Verde — momentaneamente ou pelos noventa minutos — para seguir até a divisória entre as torcidas. No princípio, a separação limitava-se a duas cordas estendidas desde o alto até o muro inferior, com cavaletes dando sustentação a um arranjo precário e policiais posicionados a cada dois degraus, lá e cá, para inibir movimentos mais ousados.

O peso de cada rivalidade determinava a distância entre as cordas e o grau de vigilância policial. As interações variavam do escambo de camisas ou bonés com aliados até a mais primitiva troca de insultos com desafetos, além da análise dos comportamentos, culturas e hábitos de forasteiros, que eram recebidos com curiosidade.

Com as cordas da Polícia Militar mostrando-se pouco confiáveis, grades foram erguidas para estabelecer o espaço de cada torcida e uma zona neutra entre elas. Mas podíamos nos encarar pelas frestas e proclamar ódio recíproco, bem como provocações e músicas compostas ali mesmo, naquele momento, para enaltecer a supremacia em conflitos recentes.

Até chegar o dia em que as autoridades tiveram a ideia de colocar uma capa protetora forrando toda a extensão das grades, suprimindo até mesmo as trocas de olhares e os gestos de hostilidade. É legítima e civilizada a opção de querer reduzir a animosidade entre oponentes em uma praça esportiva, mas meu lado arruaceiro lamenta por isso.

Um certo espírito aventureiro sempre me impulsionou além de alambrados e cordas. A partir do momento em que passei a custear as idas ao estádio, ir a todos os jogos do Palmeiras parecia insuficiente, e

2. FRONTEIRAS VISÍVEIS

houve situações em que acompanhei meus dois primos (Alan, o que saiu no jornal, e Erik) em partidas do Corinthians, no Pacaembu, contra equipes do interior paulista ou de outros estados. Foram poucas jornadas, até porque a experiência passou a se tornar arriscada a partir do momento em que eu me associei a uma torcida organizada.

Por que eu levei adiante essas experimentações? Simples: porque eu tinha meu próprio dinheiro para comprar os ingressos e encarava as visitas ao estádio municipal como oportunidade para assistir a uma partida de futebol e conhecer outras torcidas, em especial a do arquirrival.

Com essa explicação pragmática para as incursões ao *front* inimigo, já me sinto julgado e condenado por quem vê o futebol por um viés estritamente clubista — e, sinceramente, não me importo.

Mas, transcorridos mais de vinte anos, percebo que fiz aquilo movido por uma admiração que era quase devoção adolescente: ir aos jogos com o primo que apareceu no jornal enfrentando um policial militar representou uma espécie de estágio para que eu pudesse construir minha trajetória na arquibancada.

O fato de ele vestir uma regata preta pela qual eu já nutria um ódio visceral foi, durante anos, menos relevante do que as histórias que ele tinha para contar.

3. CIELITO LINDO
MORUMBI, SÃO PAULO, 1997-2008

> *Ay, ay, ay, ay*
> *Canta y no llores*
> *Porque cantando se alegran*
> *Cielito lindo, los corazones*
>
> Canção provavelmente
> de origem espanhola e
> popularizada no México
> pelo cantor Quirino Mendoza

Indispensável no cardápio básico do cancioneiro mexicano, "Cielito lindo" aparece com regularidade na minha *playlist*. Sua versão em português ganhou os estádios brasileiros há décadas e pode ser cantada por qualquer torcida, sem mudanças na letra: "Ai, ai, ai, ai, tá chegando a hora/o dia já vem raiando, meu bem/e eu tenho que ir embora...".

Eis que, por uma dessas associações inusitadas feitas pelo nosso cérebro, a figura que me vem à mente a cada vez que ouço esse clássico é... Albert Einstein.

Cai a tarde na zona sul de São Paulo. Faz frio. Ou, ao menos, é essa a memória coletiva, dado que, verdadeiro ou não, ficou eternizado o discurso de que "faz mais frio no Morumbi". O céu azul ganha uma coloração acinzentada e uma espécie de névoa desponta no horizonte. O vento sopra na parte superior, e vem do outro lado a versão adaptada do clássico *mariachi*: "Ai, ai, ai, ai, tá chegando a hora...".

A música é bonita — sobretudo a original —, e eu mesmo a cantei inúmeras vezes, em tardes gloriosas, mas a memória afetiva registrou a melodia como algo triste, associada menos às alegrias vividas no cimento da arquibancada e mais a um sentimento de perda e resignação.

Perda porque era a canção usualmente entoada pela metade vencedora em um clássico no Morumbi. E resignação porque, dependente de transporte público para chegar ao estádio e, de lá, regressar para casa, eu logo teria de abandonar a feição da derrota para encontrar, incógnito, em absoluto silêncio e sem demonstrar qualquer pesar, os algozes que festejavam meu sofrer.

A derrota consumada dentro das quatro linhas vinha acompanhada da constatação de que teríamos de enfrentar a semana remoendo cada lance que levou a tal resultado. Os gols perdidos, as falhas defensivas, uma dividida sem tanta vontade, um erro da arbitragem, o diabo. Se determinado jogador não houvesse perdido um gol feito, se o goleiro deles não tivesse espalmado uma bola que parecia indefensável, se o juiz não tivesse feito o que fez... Os detalhes nos perseguiriam por dias, semanas até. Alguns, mais graves, por anos, por toda uma vida.

O amontoado de lamentações começava em um degrau qualquer dos setores amarelo ou vermelho, geralmente reservados aos alviverdes (visitantes contra o São Paulo e em metade dos duelos contra o Corinthians, quando o Morumbi era o palco dos clássicos). Explica-se, pois, o imaginário do palmeirense muito ligado ao lado oeste do Cícero Pompeu de Toledo.

Nessas tribunas, vivemos grandes tardes e noites, mas sucumbimos provavelmente em maior número — é a natureza de jogar longe de seus domínios: estatisticamente, a derrota é mais provável. Ali vibramos, xingamos, protestamos. Fizemos pouco dos rivais e sofremos outras tantas vezes. E é forçoso dizer que as derrotas deixaram marcas irreparáveis.

Ainda hoje, décadas depois, penso em Marcelinho Carioca e entro em pânico, como se ele estivesse eternamente trotando em direção a uma das esquinas do campo para erguer na área uma bola cheia de veneno. O camisa 7 do Corinthians é o sujeito que eu mais temi na vida. Quando vejo o técnico Rogério Ceni à beira do gramado, não posso me desfazer da sensação de que, vestindo uma camisa espalhafatosa com o 01 às costas, ele segue caminhando de uma grande área à outra para bater um pênalti que, lá do alto, eu posso jurar que não existiu.

O enfrentamento do futebol tem a característica única de colocar os opostos frente a frente. Tome-se o mundo corporativo como contraexemplo: os embates ali travados são tão ou mais selvagens do que os de uma partida, mas se resolvem nos bastidores e nas entrelinhas, obedecendo a meandros organizacionais que apartam os competidores. No futebol, por sua vez, inimigos mortais são colocados uns diante dos outros e, no fim, cabe ao vencedor festejar tanto seu triunfo quanto o ocaso do adversário.

Se as vitórias no Morumbi nos levavam ao delírio, os fracassos golpeavam a confiança do torcedor e doíam na alma, antes mesmo de consolidados. Assim era porque cantados, em verso e prosa, pelas vozes do lado de lá. Nos tempos em que cada metade do público vestia uma cor, o apito final invariavelmente vinha precedido de um acachapante "Ai, ai, ai, ai, tá chegando a hora...".

Faziam barulho, os rivais, pressionando, sem dó, a ferida recém-aberta. Nunca entendi a incoerência temporal da versão abrasileirada (o sol não estava raiando, mas se pondo), mas isso pouco importava. Fato é que estava mesmo chegando a hora de ir embora. Para eles. E para nós.

E a visão que tínhamos, os visitantes, em tão melancólico cenário, era a de um prédio no horizonte, pairando acima do anel superior do estádio e confundindo-se com as torres de iluminação. Enquanto a bola rolava de um lado para o outro no gramado, o olhar perdia-se lá no alto, absorto, por vezes anestesiado, em um prédio incontornável e inconfundível, o do Hospital Albert Einstein.

3. *CIELITO LINDO*

As derrotas sofridas para os rivais estaduais fizeram-me entender, ainda adolescente, que eu precisaria encontrar força nos momentos difíceis para seguir em frente de cabeça erguida. Que era necessário recobrar os sentidos rapidamente para voltar para casa em segurança. E que os oponentes não teriam a menor compaixão no momento de tripudiar da minha dor. Assim é a vida.

Foram os clássicos do fim da década de 1990 e do início da década seguinte, na transição da adolescência para a fase adulta, que me permitiram assimilar minha identidade e ampliar perspectivas sociais. Aprendi, no maior estádio da cidade, que, seja lá qual for meu ponto de vista, sempre haverá um outro lado — e que embates são inevitáveis.

Foi em um Morumbi aberto a duas torcidas que compreendi a necessidade de ocupar espaços (no caso, da praça onde ficavam os ambulantes que vendiam sanduíches de calabresa e pernil), em uma disputa de território que tinha o Estado (representado pela Polícia Militar) como órgão moderador. E então testávamos os limites, avançando, de barraca em barraca, para chegar mais perto dos rivais — que faziam o mesmo, até que o confronto tivesse início. Era quase recreativo, acredite.

Foi em tardes — ou noites — encerradas com uma versão brasileira de "Cielito lindo" que passei a me sentir parte de um coletivo algo tribal, bem maior do que meu universo de adolescente, e representativo do mundo que me aguardava na fase adulta.

E hoje, com forasteiros impedidos de frequentar o Morumbi, resta lamentar o infortúnio de não mais poder sentir a dor dilacerante que acompanha o gol de um rival. Porque a arquibancada forma caráter e, para que isso aconteça, não há nada mais contundente que o estrondo da massa adversária, assim que a bola estufa a rede.

4. O COMBOIO, O TROPEIRO E A SANTA
MINEIRÃO, BELO HORIZONTE, 2001

Madrugada na Fernão Dias. Tão forte é o frio que parece capaz de postergar o aguardado nascer do sol, enquanto a caravana de São Paulo a Belo Horizonte rasga a "rodovia da morte" — à época, este era um aposto quase obrigatório para a estrada que liga as duas capitais. O ônibus em que estou, o número seis, parece ser um tanto mais precário que os demais, com uma janela emperrada que conduz o vento gelado para o interior do coletivo e, junto com ele, um sibilar incômodo.

  Amanhece. Os 21 ônibus fazem uma parada rápida em um posto de gasolina. Ninguém sabe dizer o motivo de tamanha imprudência. Torcedores mais afoitos descem e seguem para a loja de conveniência. Do lado de fora, dois motoristas, instantaneamente apelidados de Seu Miyagi e Seu Madruga (este calçando um portentoso par de sandálias havaianas), conversam com um assustado funcionário do posto: "Pode ficar tranquilo. Os meninos têm má fama, mas são todos de família". Segundos depois, os mal-afamados retornam erguendo garrafões de cinco litros de vinho tinto barato e carregando todo tipo de alimento que cabe nas mãos, nos bolsos e nas mochilas.

Esta é a informação mais relevante sobre caravanas: passa-se fome (e também sede) durante as viagens. De tal modo que paradas rápidas em postos são desaconselháveis, invariavelmente resultando em saques, atrasos e problemas com a polícia.

São cerca de mil torcedores, rumo ao segundo encontro pelas quartas de final da Copa Libertadores de 2001. Cruzeiro e Palmeiras empataram em 3 a 3 na ida e vão a campo apenas às 21h40, mas a saída de São Paulo foi programada para a meia-noite anterior. Não que alguém espere que o horário vá ser cumprido, mas chegar mais tarde e perder a viagem não é um risco que se queira correr.

A madrugada desdobra-se em quatro horas de passatempos diversos na antiga quadra da Mancha Verde, na Barra Funda. Há quem durma no chão gelado. Há quem dê conta de jogar futebol — o vencedor de Zona Sul × Guarulhos encara o vitorioso de ABC × Zona Leste. A maioria prefere mesmo relembrar antigas viagens e projetar cada passo do dia e da madrugada seguinte, no retorno para casa.

A fila de ônibus estava postada na avenida desde a noite anterior, mas os motores são acionados somente após o posicionamento da escolta policial, perto das 3h30 da manhã. É o momento de se acomodar para enfrentar 580 quilômetros de asfalto. O percurso de carro costuma levar cerca de sete horas, mas as intempéries inescapáveis em uma viagem de torcida elevam a projeção para até doze horas.

Informação relevante número dois: tudo em uma caravana leva mais tempo do que o planejado, e a duração das jornadas estende-se para além do suportável (em especial na ida; a volta costuma ser mais ágil).

Os ônibus deixam São Paulo às quatro da manhã e aproximam-se de Belo Horizonte apenas às catorze — dez horas depois. O posto da Polícia Rodoviária Federal de Betim, na região metropolitana da capital mineira, é parada obrigatória para torcidas organizadas que chegam à cidade. São duas horas perdidas com a realização da revista dos coletivos, dos passageiros e dos materiais (faixas, bandeiras, instrumentos etc.), conferência de documentos e acertos logísticos para, enfim, levar o grupo até o Mineirão, por volta de 16h30.

Informação relevante número três: parece insano chegar ao estádio cinco horas antes do apito inicial, mas é mais prudente; do contrário, se um comboio numeroso se aproxima de um destino hostil (como é o Mineirão, para o torcedor palmeirense, quando a partida é contra o Cruzeiro), o procedimento usual do policiamento é reter os forasteiros e realizar a escolta depois que a bola já tiver rolado. Isso explica o fato de muitas torcidas organizadas chegarem para acompanhar jogos fora de casa apenas no segundo tempo.

Os portões do Mineirão nem estavam liberados, mas é aberta uma exceção para o batalhão que vem de longe. Já com ingressos, todos são conduzidos diretamente para o setor visitante, à época atrás de um dos gols, na geral abaixo da arquibancada.

Famintos, os torcedores deliciam-se com o que de melhor já existiu em termos gastronômicos nos estádios brasileiros: o tropeiro do antigo Mineirão. Ingredientes: arroz, feijão, calabresa, ovo, bacon e farinha de mandioca. Tudo muito bem temperado, em um marmitex que, em 2001, custava módicos R$ 3,00.

Com as barrigas cheias a quatro horas do apito inicial, muitos torcedores aproveitam o cimento da geral, as escadarias e os amplos espaços de circulação para dormir no chão. Há os que se encarregam da arrumação das faixas (é preciso negociar cada fresta para exibi-las) e há também os que percorrem a esmo as alamedas de circulação, à espera de um confronto verbal com os mandantes — quase setenta mil pessoas — que começam a chegar.

Os alviverdes são algo entre três e quatro mil integrantes, contingente anabolizado por atleticanos que aproveitam a aliança entre as torcidas organizadas de Palmeiras e Galo para torcer contra o oponente local. Aliás, naqueles (saudosos) tempos de permissividade nos estádios, os alvinegros podiam se infiltrar entre os cruzeirenses, avançar até as cordas e cruzar a fronteira como desertores, em uma caminhada triunfal até as fileiras paulistas.

Informação relevante número quatro: nunca houve critérios muito claros para a venda de ingressos a visitantes. Por vezes, moradores da própria cidade em que se realiza o jogo ficam impossibilitados de adquirir entradas. Diante disso, a única forma de acesso é comprar bilhetes para tribunas destinadas aos mandantes.

O Cruzeiro é mais forte, mas não consegue concretizar a superioridade dentro de campo. A exemplo do 3 a 3 da ida, o confronto é movimentado: a Raposa sai na frente com cinco minutos de jogo, e o palmeirense Alex perde um pênalti na sequência. O empate vem no início do segundo tempo, mas logo os mandantes se colocam novamente em vantagem no placar. A classificação celeste parece encaminhada quando, aos quarenta minutos da etapa final, o alviverde busca nova igualdade, levando a decisão para os pênaltis.

O palmeirense de 2001 é um sujeito habituado a confiar seu sucesso às cobranças alternadas de tiros livres diretos. Com mais esta partida, já são seis disputas nesse formato nos dez confrontos eliminatórios anteriores pela Libertadores, com apenas uma derrota.

Mas o retrospecto favorável em nada aplaca a apreensão da pequena multidão enfurnada em uma catacumba que, além da visibilidade crítica, é vulnerável aos ataques rivais: basta ao cruzeirense da arquibancada superior projetar o corpo no gradil para garantir o arremesso certeiro de copos e garrafas com urina e outros objetos não tão nojentos, mas substancialmente mais perigosos.

Informação relevante número cinco: ao torcedor visitante compete garantir sua segurança; não há como esperar qualquer gentileza por parte das autoridades. Para salvaguardar seu próprio corpo e evitar que o retorno para casa aconteça com odor de urina alheia nas roupas, o palmeirense refugia-se ainda mais para dentro de um espaço precário, optando por ficar atrás de pilares que comprometem a visão.

As cobranças de pênalti costumam ser reveladoras do estado de espírito e das crenças mais arraigadas de cada pessoa. Veja o caso do Lopes, um de meus parceiros de arquibancada e de itinerários em comum. Nem bem o árbitro define a meta para onde serão cobradas as penalidades, ele se ajoelha, vira de costas para o campo e retira de sua mochila um objeto tão inusitado quanto improvável de ter passado pela revista policial: uma imagem de cerca de trinta centímetros de Nossa Senhora Aparecida. E assim, aos prantos, fica o aficionado de quem nunca se desconfiou ter algum traço de religiosidade.

Das catorze penalidades, apenas sete foram convertidas. O Palmeiras desperdiça três das quatro primeiras e fica a uma cobrança de ser eliminado, mas São Marcos defende dois chutes e garante a vaga: 4 a 3. A explosão alviverde é despudorada e inconsequente: as grades que separam o setor inferior da geral são vencidas para que se possa proclamar aos rivais lá de cima o tamanho da vitória alcançada. Não fosse pelo truculento revide policial, muito mais gente teria saído correndo pela geral interditada.

Com a classificação obtida (e já sem o risco de objetos e líquidos despencando do alto), o forasteiro começa a se sentir mais seguro e, finalmente, pode apreciar a conquista. Em meio ao êxtase pela vitória, há um prazer quase sádico em ver o estádio se esvaziar aos poucos: as faixas sendo dobradas e as bandeiras, enroladas; o caminhar fúnebre da massa decepcionada; pequenos grupos tentando digerir a derrota em meio a discussões acaloradas; um murmurinho que vai, aos poucos, sendo suplantado pela comemoração de quem veio de longe.

Na saída, já bem depois da uma hora da madrugada, integrantes da Máfia Azul, maior torcida organizada cruzeirense, ficam à espreita, na esplanada em frente, em posição de combate. Mas, além do policiamento, são tantos os palmeirenses e tão embriagados estão pelo triunfo que os oponentes apenas observam a multidão verde caminhar e cantar em direção ao estacionamento, com as bandeiras tremulando e os surdos da bateria sendo erguidos acima da cabeça.

Informação relevante número seis: o estado de conservação dos veículos fretados para comboios organizados é sofrível, e isso era ainda pior duas décadas atrás. Em uma caravana com 21 ônibus, é quase certo que pelo menos um ou dois vão quebrar — e os viajantes sabem que podem terminar a jornada em posição desagradável.

É assim que, lá pelas tantas, com o sol raiando, desperto do sono profundo e fico sem entender o que acontece em nosso coletivo. Há pessoas viajando em pé, esparramadas pelo corredor central, outras deitadas ou escoradas entre as fileiras de assento. Um dos ônibus quebrou, alguém me explica. Volto a dormir e só acordo nas proximidades da quadra da Mancha Verde, onde, quase trinta horas depois, somos recebidos como heróis.

4. O COMBOIO, O TROPEIRO E A SANTA

5. O PÂNTANO E O ESTÁDIO DE MADEIRA
CAIO MARTINS, NITERÓI, 2003

Caio Martins, Moça Bonita e Edson Passos. Conselheiro Galvão, Ítalo del Cima e Laranjeiras. Figueira de Melo, Teixeira de Castro e Rua Bariri. O torcedor que cresceu na década de 1990 vendo futebol na TV aberta mantém em seu imaginário um lugar cativo para os acanhados, decadentes e, às vezes, charmosos estádios situados em bairros suburbanos do Rio de Janeiro ou em municípios fronteiriços.

Chega a ser custoso pronunciar o nome de qualquer um deles ou de clubes como Olaria, Bangu e Madureira sem a entonação de voz do Januário de Oliveira na narração, do Gerson Canhotinha de Ouro nos comentários ou do Addison Coutinho na reportagem do gramado.

Em tempos de escassez de futebol na televisão, com os jogos da Globo transmitidos aos sábados e a TV a cabo como privilégio de poucos, as mesas-redondas dominicais eram a única oportunidade de ver os melhores momentos da rodada. Quando muito, havia os Campeonatos Italiano e Alemão para assistir. E, claro, as noites de segunda com o Carioca, na Band.

As transmissões foram consagradas não apenas pelos bordões de Januário de Oliveira, mas também pela ambientação. Quase três décadas depois, tenho para mim que todos os encontros eram disputados no Caio Martins, com torcedores a caminhar lentamente pela estrutura de madeira atrás do gol, a iluminação deficitária proporcionada por torres posicionadas nos degraus da arquibancada central e, em seu canto direito, a infalível faixa da torcida Folgada do Russão.

Sempre quis conhecer o estádio de Niterói, mas a possibilidade parecia remota. Até o quadrangular final da Série B do Brasileiro de 2003 colocar, frente a frente, Botafogo e Palmeiras. O clube carioca vinha mandando seus compromissos no reformado Caio Martins, com direito à instalação provisória de dois lances de arquibancada tubular, um atrás de cada gol, o que elevava a capacidade para dez mil pessoas — sendo mil os visitantes.

Uma oportunidade única, mas, em função da carga de ingressos reduzida, a caravana não foi das maiores: cerca de uma dezena de ônibus passou batida pela habitual retenção, na cidade de Seropédica, mas foi parada pelo Grupamento Especial de Policiamento de Estádios (Gepe), destacamento da Polícia Militar, na saída da ponte Rio-Niterói.

O Gepe — hoje renomeado como Bepe, com "Grupamento" substituído por "Batalhão" — em nada difere da postura frequentemente adotada pelo policiamento em relação a torcedores: a truculência, imperativa no tratamento dispensado aos locais, é exacerbada diante de forasteiros. Não raramente, os agentes da lei valem-se da farda para propagar impropérios carregados de preconceitos e intolerâncias regionais. No Rio, em particular, apela-se para certa estigmatização da cidade como mais violenta, selvagem ou arriscada.

O pacote de serviços prestados pelas autoridades é completo: gás de pimenta borrifado maliciosamente por alguma janela entreaberta (descumpriu-se a regra básica de fechar todas as frestas quando a polícia está por perto), xingamentos gratuitos, ameaças de servidores públicos metidos a Rambo. Ao todo, quase uma hora de atraso na chegada.

Registro importante sobre aquele sábado de 2003: choveu muito no Rio — e, atravessando a baía, também em Niterói. Muito e incessantemente. Chegamos ao Caio Martins em meio a um aguaceiro, e os motoristas sofreram para manobrar os ônibus por entre ruas estreitas.

Descemos, giramos a catraca e deparamo-nos com uma unidade do Bob's instalada em um contêiner (um verdadeiro oásis para quem estava o dia todo sem comer). Em contrapartida, também encontramos um pântano no caminho até a arquibancada tubular que foi erguida ao lado do ginásio esportivo.

O trajeto é curto, mas não cimentado, dado que ali sempre foi um terreno gramado. Melhor dizendo: mal gramado. Pois a superfície permeável recebeu água da chuva durante todo o dia, não resistiu e virou um lamaçal sobre o qual tivemos de caminhar para chegar até o setor visitante. Um lugar para se limpar? Não, não há. Mil pessoas têm de dividir dois banheiros químicos insalubres.

O espaço destinado ao aficionado que vem de fora é um curral, com cerca de 25 degraus de altura e 40 lugares por degrau. Há alambrados dos dois lados, acima e abaixo, funcionando como anteparos entre o público e o gramado. As faixas trazidas de São Paulo são amontoadas na parte de baixo, e ocupa-se cada milímetro reservado a elas.

Como se não bastasse o lamaçal para chegar até lá, não poucos viajantes perdem algum objeto por entre os vãos da estrutura tubular. Sim, porque arquibancada provisória costuma ser vazada entre um degrau e outro, e o pântano do Caio Martins deve ser ainda hoje um cemitério de chaves, carteiras e celulares.

Apesar dos precários holofotes, tudo parece iluminado demais na noite chuvosa de Niterói. Talvez pelo espetáculo pirotécnico das duas inflamadas torcidas, talvez pela importância de uma rara decisão em um ano esquecível. Mas é mais provável que seja efeito da empolgação de quem precisa pular para esquecer o frio e fingir que os pés não estão quase se decompondo, efeito da fricção molhada de tênis, meia e lama — e note que, ao final dos noventa minutos, viriam mais sete horas de estrada no retorno a São Paulo.

Quase duas décadas depois, revendo os lances do empate em um gol, percebo que as imagens televisionadas foram bem menos épicas do que as que ficaram na minha memória. Possivelmente embriagado pela juventude da época, deixei-me seduzir pelas torres de iluminação encravadas no meio da arquibancada, pela decadência indisfarçável do Caio Martins e pelas transmissões de segunda à noite que me fizeram querer conhecer estádios tão decrépitos quanto necessários.

6. FORASTEIRO EM CASA
MORUMBI, SÃO PAULO, 2005-2006

Estoura o tumulto nas cadeiras amarelas do Morumbi, e eu sigo a lição que aprendi tão logo passei a integrar uma torcida organizada: não se deve correr quando começa uma briga. Permaneço em meu lugar, lamentando o resultado, mas, em questão de segundos, percebo estar cercado por dois policiais, ambos armados com cassetetes em posição de ataque e a expressão de ódio típica desses momentos: um chega por cima e o outro, a passos largos, está no mesmo degrau que eu.

Já não é mais uma briga, e eu rapidamente aproveito os encostos dos bancos à minha frente como se fossem molas para impulsionar a descida até a parte mais baixa do setor intermediário. Um terceiro policial antecipa o movimento e corre em minha direção, já preparando o golpe. Antes de ser atingido, pulo a mureta e o gradil e projeto o corpo para a frente, chegando à parte de trás do placar eletrônico. Penduro-me na estrutura de ferro e a utilizo como escada improvisada para acessar o anel inferior do estádio, a geral amarela.

No piso térreo, o cenário não é melhor. Agentes fardados distribuem pancadas sem critério; bancos de madeira maltratados pelo tempo fornecem matéria-prima para armas improvisadas, e fragmentos de porcelana revelam o destino de um vaso sanitário arrancado do banheiro. O Palmeiras acaba de ser eliminado da Libertadores pelo São Paulo e, como se isso não bastasse, cinco mil visitantes entram em confronto com a corporação encarregada de separá-los dos cinquenta mil donos da casa.

Como começou a briga? Bom, toda história tem ao menos duas versões, e uma delas é a oficialesca, certamente alinhada com a sugestiva declaração proferida anos antes por um major do 2º Batalhão de Polícia de Choque — que seria promovido a coronel e, depois, a chefe das comissões de arbitragem da Federação Paulista de Futebol e da Confederação Brasileira de Futebol (CBF). Após uma confusão entre torcedores e a Polícia Militar nos arredores do Palestra Itália, o major foi perguntado por um repórter se a corporação esperava por tumultos com os alviverdes: "Não, não esperava. [Foi uma] surpresa. Mas veio dos malditos torcedores da Mancha Verde".[2] A irascível posição do militar conta com a adesão cega de muita gente na sociedade civil e também na imprensa; como ponto comum a todos eles, o desconhecimento de causa.

Outra versão possível é a que não se demora muito para aprender quando se faz parte de uma entidade organizada: em caso de conflito de natureza nebulosa envolvendo policiais militares e uma única torcida, o fato gerador é quase sempre uma intervenção mal calculada dos homens da lei, normalmente acompanhada de brutalidade — o *modus operandi* está na declaração do major que depois chegaria a coronel.

Foi assim no conflito das cadeiras amarelas do Morumbi, mas, para chegar até esse ponto, é preciso revisitar as trajetórias do Palmeiras nas edições de 2005 e 2006 da Copa Libertadores. Em ambos os anos, o alviverde qualificou-se para a competição sul-americana como quarto colocado do Campeonato Brasileiro do ano anterior, eliminou rivais inexpressivos na fase preliminar, cumpriu campanhas hesitantes em grupos

---

[2] A declaração foi dada pelo então major Marcos Marinho ao repórter Márcio Campos, da Band, em reportagem que foi ao ar no programa Band Cidade, em 17 de junho de 1999, dia seguinte à final da Libertadores entre Palmeiras e Deportivo Cali, no Parque Antarctica. Disponível em: https://www.youtube.com/watch?v=DBDkADI4pG4.

medianos e, segundo colocado na chave, teve de enfrentar, nas oitavas de final, seu algoz de certames passados (1974 e 1994), o São Paulo.

As memórias palestrinas entrelaçam-se entre as decisões sequenciais, em parte pelo roteiro similar, com resultados ruins em casa (derrota por 1 a 0, em 2005, e empate em 1 a 1, em 2006) que obrigavam um elenco abaixo da crítica a lutar por uma reviravolta improvável em solo hostil.

Foram esses confrontos que redefiniram o modelo de separação do público nos Choque-Reis seguintes. Até então, tinha-se uma divisão igualitária dos bilhetes, com jogos sempre no Morumbi — ainda que isso representasse distorção técnica, havia uma pressão algo difusa, aglutinando interesses da Federação Paulista, da Polícia Militar e da própria imprensa, para que os encontros acontecessem na maior praça esportiva da cidade.

Como uma disputa continental coloca tudo em outro patamar, os dirigentes alviverdes desafiam o entendimento de neutralidade do Morumbi para exercer o direito de mando de campo em 2005 e em 2006. A Conmebol não opõe resistência, mas os órgãos de segurança determinam que a carga de ingressos deveria ser de 10% para são-paulinos na ida e 10% para palmeirenses na volta — anos depois, esse percentual seria reduzido para 5% e depois para 4%.

Do ponto de vista logístico, isso implica a necessidade de os alviverdes seguirem até o Cícero Pompeu de Toledo não mais como nas quatro décadas anteriores, com setores, arredores e trajetos conhecidos e respeitados, mas como forasteiros, isolados nas tribunas inferiores e sem espaço de circulação do lado externo. Nesse contexto, cresce a importância de o 2º Batalhão de Polícia de Choque cumprir bem o seu papel na escolta e no isolamento das vias de acesso — mas isso acontece apenas parcialmente.

Dos cinco mil palestrinos com bilhetes, talvez metade tenha optado pelo comboio de ônibus fretados, com os quinze quilômetros de distância transformando-se em 33 quilômetros; tudo para percorrer vias expressas e se aproximar do estádio por uma avenida menos movimentada. São cerca de quarenta coletivos apinhados, com torcedores em pé no corredor central, além de carros, vans e motos que aproveitam a escolta. O comboio precisa sair cedo do Palestra Itália e aguardar mais de uma hora depois do apito final para regressar à zona oeste de São Paulo. Mas, repito, é o esquema mais seguro.

Com o elenco do biênio 2005/2006 não sendo páreo para um rival que vivia um período glorioso, o palmeirense segue até a zona sul, nas duas noites frias de maio, mais por obrigação e menos por acreditar na classificação. Não se veem crianças nos dois setores abaixo da arquibancada amarela. Quase não há idosos ou mulheres. Nada de famílias ou torcedores passivos. Há somente rostos ensandecidos e uma disposição voraz para, diante de um ajuntamento nove vezes maior, buscar imposição na base de um grito repetitivo que, acompanhado de um gestual febril, foi ali entoado pela primeira vez e depois nunca mais: *Palmeiras! Palmeiras! Palmeiras! Palmeiras! Palmeiras!*

Em 2005, o São Paulo nem precisa fazer força para avançar, vencendo os dois duelos. Mas, em 2006, um Palmeiras destroçado — e treinado por um interino — vai ao Morumbi precisando "apenas" de uma vitória para seguir adiante. Restando cinco minutos para o apito final, o visitante vê o placar apontar uma igualdade que leva a disputa para os pênaltis e, com o oponente tendo um homem a menos, passa a acreditar até em um gol fortuito. Mas, em uma rápida sequência, o árbitro desarma com os próprios pés uma ofensiva alviverde, dá início ao contra-ataque tricolor e, distante do lance, anota um pênalti discutível e decisivo.

Ao final da partida, uma fagulha qualquer na sempre tensa relação entre torcedores e policiais dá início ao enfrentamento. Que não dura muito, é bem verdade, mas acontece com os são-paulinos ainda deixando o estádio — o que torna a situação muito incômoda para quem se vê diante de mais uma eliminação traumática.

A madrugada avança e, uma hora depois de encerrada a partida, a Polícia Militar começa a liberar a torcida visitante, em pequenos grupos e por um portão secundário. Os primeiros a deixar o estádio encontram ruas desertas, barracas sendo desmontadas na praça do outro lado da avenida Giovanni Gronchi e, estranhamente, poucos policiais. De repente, um grupo de são-paulinos retardatários passa por ali e tem início um entrevero que é mais correria que qualquer outra coisa.

Outros grupos vão sendo liberados, mas não há informação sobre onde estão os coletivos para retornar ao Palestra — a PM não se preocupou em autorizar primeiro as lideranças da torcida organizada. Com a rampa que conduz ao saguão do Morumbi desassistida, um grupo de palmeirenses descamisados sobe em direção aos mastros onde são hasteadas as bandeiras do Brasil, do estado de São Paulo e do São Paulo Futebol Clube. Esta última, recolhida, é devolvida ao mastro, mas sobe ardendo em chamas.

Superados os desacertos na saída, o retorno acontece pelo mesmo roteiro da ida, felizmente com os ônibus mais vazios — quem é da zona sul fica por ali mesmo e volta para casa a pé ou de outras maneiras. A cidade dorme e as ruas estão vazias, mas, ao acessar a marginal Pinheiros, o comboio encontra-se acompanhado de carros ocupados por são-paulinos. Os coletivos seguem na via local, a não mais do que setenta quilômetros por hora, e os veículos de passeio, na pista expressa, reduzem a velocidade para lembrar aos forasteiros o que acaba de acontecer no Morumbi.

São vinte quilômetros de tortura, pelas marginais Tietê e Pinheiros, com o buzinaço da pista expressa impedindo o recolhimento que seria desejável para o momento. Pela janela, observo a algazarra de uma meia dúzia de automóveis, o leito de um rio poluído e o tráfego que segue do outro lado, alheio ao sofrimento alviverde. Em silêncio, juro um dia me vingar da gritaria dos tricolores. Mas a verdade é que nenhuma das muitas vitórias decisivas e marcantes dos quinze anos seguintes foi suficiente para uma vendeta à altura.

7. INFILTRADO
SÃO PAULO, 2000-2017

A imersão na torcida de outros clubes pode ser encarada como experiência pretensamente antropológica — basta ter abertura para ouvir, ver e sentir o que se passa do outro lado. De maneiras distintas, já me aventurei em todas as torcidas mais relevantes do Brasil e em dezenas do exterior. Trago sempre algum aprendizado dessas incursões, sendo um deles recorrente: se houvesse consciência de classe entre os torcedores, a cultura de arquibancada não teria sido dizimada como foi, nos últimos anos.

Na condição de infiltrado anônimo, enxergo nos rivais meus sonhos, frustrações e temores inconfessáveis. Vejo que tanto lá quanto cá existem as mesmas mandingas e superstições, e que os tipos de torcedor são idênticos em toda parte, mudando, quando muito, a cor da camisa. Os obstáculos assemelham-se e, ao contrário do que se tenta apregoar de maneira falaciosa, não há qualquer tipo de monopólio do sofrimento ou diferenciação que eleve, a níveis inatingíveis, a felicidade de uma ou outra coletividade.

De todo esse improvisado mergulho em culturas e vivências de arquibancada, este capítulo dedica-se a um conjunto de dez duelos disputados em estádios paulistanos, quase sempre envolvendo clubes paulistas e rivais de outros estados ou países. São três mata-matas da Copa Libertadores (incluindo uma semifinal e uma final); dois duelos válidos pela Copa Sul-Americana (sendo uma final); duas decisões de Campeonato Brasileiro; uma semifinal de Copa do Brasil; um encontro rotineiro pela Série B do Nacional; e um amistoso festivo.

1.
2000, DEZEMBRO. PALESTRA ITÁLIA
SÃO CAETANO 1 × 1 VASCO

A casa é minha, mas me sinto um intruso por onde quer que eu vá. Percorro bares apinhados de gente que, com todo o respeito, não tem muita noção de como se comportar no ambiente. Caminho pela rua Turiassu não com a altivez característica de um pré-jogo do meu time, mas com a desconfiança de quem está se esgueirando por entre um amontoado de estranhos. O pequeno São Caetano deve ter algumas poucas centenas de torcedores, mas disputa a final contra o Vasco com uma claque reforçada por simpatizantes dos grandes paulistas. Não entendo a adesão simplória a uma agremiação meteórica e faço minha parte ao me alistar às fileiras visitantes pela primeira vez em minha casa. Percorro a Turiassu, passo para a avenida Antártica e chego à rua Padre Antônio Tomás para me dirigir ao acesso destinado aos vascaínos. A posição das torcidas adversárias no antigo Parque Antarctica não era das melhores, mas tampouco ruim como apregoado. Era, a meu ver, correta, dentro do que se pode proporcionar a um forasteiro. Cumpro meu papel ao lado dos cariocas, um tanto incomodado com os precursores da Geração Mil Grau (*sic*) — esta que se comunica por memes e para a qual o futebol, mero entretenimento, gira em torno de uma grande brincadeira infantil — que aprontam das suas do outro lado da corda que divide as torcidas. Não suporto o clima de congraçamento artificial entre rivais e incentivo o gigante Vasco para evitar que um São Caetano qualquer inscreva seu nome na galeria dos campeões brasileiros. Quanto aos adesistas de ocasião daquele dezembro de 2000, deixo uma pergunta: onde vocês estavam em 2004, quando o Santo André, vizinho do ABC paulista, decidiu a Copa do Brasil contra o Flamengo, no mesmo Palestra Itália?

11.
2002. DEZEMBRO. MORUMBI
CORINTHIANS 2 × 3 SANTOS

Fazia quase dois anos que as faixas da Torcida Jovem do Santos estavam viradas ao contrário, em sinal de protesto contra o jejum de títulos. Não é diferente na tarde escolhida para a definição do campeão brasileiro de 2002. O cronômetro marca 26 minutos do segundo tempo e o Santos ostenta uma vantagem muito sólida na somatória dos placares: ao 2 a 0 na ida, soma-se o 1 a 0 parcial; o Corinthians parece entregue. Depois de dezoito anos, o alvinegro praiano se vê perto de um título de relevo e, no embalo dos primeiros gritos de "É campeão!", alguém resolve que é hora de desvirar a faixa principal da Jovem, expondo a tipografia serifada na posição certa. Mal dá tempo de finalizar todo o processo, e o Corinthians chega ao empate. Desafiadora, a faixa segue com as letras em pé. O relógio não corre tão rápido quanto desejam os santistas e, na marca dos 38 minutos da etapa final, acontece a virada corintiana. O visitante segue em vantagem na contagem agregada, mas um novo gol corintiano faria a taça mudar de mãos. É aí que a superstição fala mais alto e, rapidamente, encontra-se a razão para os dois gols do rival: a faixa desvirada antes da hora. Correria e cobranças entre os líderes da torcida organizada, e logo o adereço volta a ficar invertido. O time da capital lança-se ao ataque e deixa a defesa desguarnecida. O empate santista nasce em um desses espaços abertos, restabelecendo a folga no confronto para o representante do litoral e alternando o lado da vibração no Morumbi. Já nos descontos, um novo contra-ataque sela a contagem final a favor do campeão brasileiro de 2002 — o último antes de os pontos corridos acabarem com a emoção de finais como essa. Só então, com 5 a 2 no placar agregado, os integrantes da Torcida Jovem sentem-se à vontade para finalmente posicionar as faixas do lado certo.

RODRIGO BARNESCHI

III.
2005, ABRIL. PACAEMBU
BRASIL 3 × 0 GUATEMALA

Romário de Souza Faria anotou 22 gols contra o Palmeiras, o terceiro clube que mais sofreu com sua fúria artilheira. Eu presenciei quase todos e, devo confessar, fui capaz até de admirar alguns. Acontece que Romário é meu maior ídolo no futebol, e não foram raras as vezes que eu girei a catraca apenas para presenciar seu trote marrento. Foi assim nas visitas de Fluminense e Vasco a São Paulo e em diversas oportunidades no Rio de Janeiro. Mas nada é tão emblemático quanto o fato de o Baixinho ter sido o responsável por me levar a um compromisso da seleção brasileira pela primeira e única vez, em sua despedida com a camisa canarinho. Pois eu sou um fanático capaz de reconhecer ou mesmo aplaudir oponentes, mas nunca pude me sentir acolhido em um ambiente tomado por turistas que se vestem de amarelo apenas a cada quatro anos ou, mais recentemente, para protestar contra a corrupção. Discretamente trajado, abro exceção para reverenciar um dos últimos atos do maior centroavante brasileiro, a despeito de se tratar de um evento um tanto *sui generis*. Afinal, o amistoso contra a frágil Guatemala foi agendado para uma capital que em nada combina com o homenageado, coincidindo com as comemorações de 65 anos do estádio municipal e do aniversário de uma emissora de TV. Romário marca seu gol, tem outro anulado e desfila pelo gramado do Pacaembu com a galhardia habitual. Pago míseros dez reais pelo ingresso — o Brasil ainda não havia sido tomado pela cobiça que veio na esteira da confirmação do país como sede da Copa de 2014 — e, durante todos os insuportáveis momentos em que a bola não está nos pés do Baixinho, fico a caminhar pela marquise. Meu olhar acompanha os passos do camisa 11, mas, de tempos em tempos, se desgarra para presenciar cenas mais mundanas e me faz sentir aversão pelos alienígenas que não têm a menor ideia do que estão fazendo ali.

IV.
2005, JUNHO. MORUMBI.
SÃO PAULO 2 × O RIVER PLATE (ARG)

O tipo não demonstra o menor receio: depois de surrupiar o capacete do agente da lei, coloca-o em sua cabeça, arranca uma ripa de madeira dos bancos e põe-se em posição de confronto. Acuados, os policiais dão passos atrás, surpresos com o destemor dos argentinos — cerca de dois mil e quinhentos na geral amarela. Fazem o que fazem, os estrangeiros, porque o 2º Batalhão de Polícia de Choque desconhece regras elementares da arquibancada: membros de *Los Borrachos del Tablón*, a *barra brava* do River Plate, vão estender seus *trapos* em local não permitido e a PM os repreende com a truculência convencional. Enxergando ameaça a seus adereços, os *hinchas* reagem com ferocidade, e o resultado está nas imagens facilmente encontradas na internet. O que acontece nas três horas seguintes evidencia o conflito entre diferentes culturas: do braço militarizado do Estado, habituado a distribuir pancadas gratuitamente, versus o de uma estrutura organizada de torcedores que, propensos ao confronto, se enxergam como defensores de uma instituição algo tribal. Os argentinos agrupam-se ainda mais, os ensanguentados na linha de frente — creio que para sinalizar a disposição para novo embate —, e passam a cantar as músicas com entonação quase selvagem. Uma delas adquire um crescendo nada usual ao se referir ao efetivo de segurança: "*Millonario, no me importa lo que diga el periodismo, la policía...*" Compreendido ou não o grito de desafio, o contingente policial mantém-se à distância, entre impotente, perplexo e receoso de uma nova explosão. Sem saber o que fazer, as autoridades ficam a observar os estrangeiros que, ao menos por uma noite, desafiam o *modus operandi* de uma corporação que, primeiro, bate em torcedores, para depois entender o que está acontecendo.

RODRIGO BARNESCHI

V.
2009, JUNHO. PACAEMBU
CORINTHIANS 0 × 0 VASCO

O vale do Pacaembu é separado do planalto da avenida Paulista por uma íngreme ladeira, a rua Major Natanael. A subida em direção à linha verde do Metrô costuma ser um suplício, exigindo esforço redobrado até de panturrilhas bem preparadas. Para evitar o encontro com a torcida adversária na subida e no trem, decido abandonar o setor lilás, reservado aos visitantes, pouco antes do apito final, com a partida encaminhando-se para os descontos e os corintianos festejando a vaga na final da Copa do Brasil. O pré-jogo foi tenso, com um confronto sangrento na entrada da cidade, e o revide dos corintianos não tarda a acontecer: assim que me aproximo da subida da ladeira, noto uma fumaça espessa e o barulho de viaturas policiais em alta velocidade. Tento seguir em frente, mas logo identifico que um ônibus que trouxe os vascaínos está ardendo em chamas, estacionado em fila dupla no passeio público. Carros próximos são atingidos pelas labaredas e, a julgar pelo estágio do fogo, o ataque acaba de acontecer. Os policiais interrompem a passagem de pessoas pela via, o que me obriga a retornar para o setor visitante e só depois acessar as estreitas ruas do bairro para retomar o percurso até o cemitério do Araçá. Dali, basta acompanhar o muro para chegar ao Metrô — ainda tranquilo, quase sem torcedores. Já perto de casa, ligo o rádio e ouço a confirmação dos rumores que circulavam nas horas anteriores: uma pessoa morreu em decorrência da briga na marginal Tietê. É um dos momentos terríveis em que me pego convivendo com dúvidas existenciais sobre o que ainda me leva a fazer parte daquele mundo.

7. INFILTRADO

VI.
2009, AGOSTO. CANINDÉ
PORTUGUESA 1 × 3 VASCO

"Ô, português burro, você nunca foi campeão de nada". O sujeito dispara a provocação na corda que divide as duas torcidas e recebe olhares atravessados dos companheiros. Um deles se exalta: "Você está maluco, cara? Não sabe qual é a origem do Vasco?". O piadista fica entre a fúria dos colegas da Cruz de Malta e a repulsa dos lusitanos do outro lado da corda. De repente, toma um tapa por trás e tenta, em vão, justificar a infeliz ofensa aos fundadores dos dois mais proeminentes representantes da colônia portuguesa no Brasil. Os policiais mais próximos percebem o risco que se avizinha e correm para proteger o cidadão. O Vasco vence com tranquilidade no estádio do Canindé e seus aficionados ocupam mais de 70% da arquibancada. Em meio a tanta gente, há quem seja vascaíno sem nunca ter passado perto de São Januário, sem vínculo com uma história centenária, sem notar que o Vasco da Gama é tão lusitano quanto a Portuguesa. Não que sirva de desculpa para o sujeito que teve de ser escoltado pela polícia, mas fico tentando adivinhar o que o levou a torcer pelo clube sem saber muito bem onde estava pisando — e me dou conta do gigantismo dessas instituições que são amadas por gente que, às vezes, não tem a menor ideia de como explicar o que levou à escolha de uma agremiação em vez de outra. A julgar pela camisa pirata do milésimo gol de Romário, talvez tenha sido o Baixinho o responsável por tão descuidado vascaíno. Não deixa de ser um bom motivo.

VII.
2011. JUNHO. PACAEMBU
SANTOS 2 × 1 PEÑAROL (URU)

Os *carboneros* parecem ser bem mais do que os dois mil e quatrocentos anunciados previamente. Muitos partiram de Montevidéu em direção à capital paulista sem ingressos e, sabe-se lá como, conseguiram entrar. Chegaram cedo, tomaram parte da região central, colocaram seus ônibus pela cidade para tocar o terror em quem não entendia que estava para acontecer uma final de Libertadores em São Paulo. Brigaram, "fizeram baderna" (segundo eu li) e, por fim, ocuparam todo o setor lilás do estádio municipal. Longe de aceitar as imposições do efetivo policial, enfileiram faixas por todos os cantos: na grade, nas cordas que delimitam o espaço, na marquise do alto, em árvores (sim, há algumas delas no canto da tribuna), em postes de iluminação, nas laterais com acesso normalmente proibido. Os homens do 2º Batalhão de Polícia de Choque repetem um padrão conhecido desde 2005: diante do desconhecido, tendem a recuar. Evitam entrar no meio das *barras*, observam à distância, são mais permissivos, entendem que determinações estapafúrdias impostas pelas autoridades não se aplicam a estrangeiros. *Huevos* deve ser a palavra que mais aparece nas canções puxadas pela Barra Amsterdam. Lá pelas tantas, converso com um sujeito que foi atrás do Peñarol em Porto Alegre (Internacional), Santiago (Universidad de Chile), Buenos Aires (Vélez Sarsfield) e, para finalizar, São Paulo. Um feito notável. Não raramente, encaro a maioria de santistas do outro lado, o que faz com que me sinta menos brasileiro e mais uruguaio. A diferença, penso, é que, ao término de tudo, não terei de enfrentar uma madrugada em claro até a saída do voo de volta. Em campo, Santos campeão e uma briga característica de Libertadores. Os jogadores do Peñarol seguem até a *hinchada* para agradecer o apoio. Recebem aplausos, reconhecimento a um plantel que foi longe demais, honrando a camisa aurinegra até o último minuto.

VIII.
2012. MAIO. PACAEMBU
CORINTHIANS 1 × 0 VASCO

Arena Barueri, 19h30. O Palmeiras bate o Atlético-PR (que viria a se tornar Athletico) pela Copa do Brasil. Deixo o estádio correndo, pego o carro e logo estou na rodovia Castelo Branco. Rápida parada no Palestra Itália para encontrar o Zupo, e chegamos ao Pacaembu quase na hora agendada para o duelo, 21h50. Reencontro amigos que vêm do Rio: abraços, ingressos, portão 22, a segunda catraca da noite. A bola está rolando. É Libertadores, vale vaga na semifinal. O empate sem gols no Rio não foi ruim para o Vasco, que aposta no peso psicológico do gol fora de casa. Jogo tenso e calculado, já em seu terço final. Um escanteio para o Corinthians é rechaçado e dele nasce um contra-ataque fulminante, que pega a defesa desprevenida. Sozinho, Diego Souza conduz a bola, quatro toques em sessenta metros. Segundos parecem minutos no setor lilás, os olhos vidrados em cada mover de pernas, em cada mínimo gesto do goleiro que veste amarelo. O atacante ajeita a bola, de maneira a não restar dúvidas sobre a decisão tomada. O arqueiro antecipa o movimento e fecha o ângulo. Quase quarenta mil pessoas têm o olhar estático, presenciando a história que se desenha morosamente. A finalização é tecnicamente correta, mas imprecisa, talvez por méritos do camisa 24 que tão bem deixou sua meta. Caprichosa, a bola desliza pela grama, flerta com o estufar da rede, mas prefere debater-se com a placa de publicidade. Um erro para a história. Um gol perdido, pelo qual o camisa 10 vascaíno jamais será perdoado. O tempo passa, o 0 a 0 persiste, a disputa por pênaltis avizinha-se. Minuto 42. Outro escanteio no gol do tobogã. Bola erguida com efeito. A zaga deixa o volante adversário à vontade. Ele sobe e desfere um cabeceio certeiro. O estádio, por todos os cantos, emite o urro monstruoso que perfura tímpanos nem bem assimilamos o que acontece. Correria pelo gramado. O estrondo ecoa fortemente pelo vale do Pacaembu e instaura um terror imediato entre os dois mil forasteiros. Eu desabo no chão, sem forças para me erguer ou acreditar no que acontece. Fico de joelhos por todos os desnecessários minutos entre o gol e o apito final. Vejo a história ser escrita à minha frente, em letras garrafais, e a rejeito instantaneamente.

RODRIGO BARNESCHI

IX.
2013. DEZEMBRO. PACAEMBU
PONTE PRETA 1 × 1 LANÚS (ARG)

Final da Copa Sul-Americana: trinta mil pessoas no Pacaembu.

O vizinho. O maior deslocamento do interior para a capital em um único e convergente fluxo. Um episódio que mais épico se torna, à medida que é incorporado ao imaginário popular. Anos depois, conta-se que as rodovias que ligam São Paulo e Campinas foram tomadas por filas de carros e ônibus, camisas e bandeiras à frente, desfraldadas, orgulhosas e incontidas. Difícil imaginar o que levaria algum alvinegro campineiro a estar em outro lugar que não o Pacaembu. Na arquibancada, olhares de incredulidade misturam-se a expressões de deslumbramento. Ninguém parece saber muito bem onde ficar ou o que fazer. Falta a muitos o conhecimento prévio do que é uma final, mas sobra devoção de uma coletividade reconhecida pela persistência em meio a seguidos insucessos.

O intruso. Se não é das mais vibrantes, a torcida do Lanús é, com tudo o que isso significa, uma autêntica *hinchada* argentina. Um tanto mais contida e menos inspirada, é bem verdade, mas os pouco mais de mil que vêm do subúrbio de Buenos Aires para ocupar o setor lilás do Pacaembu formam o que se convencionou chamar de "linha de frente". Ou, se preferir, "os de sempre". Um povo habituado às canchas mais inóspitas do futebol argentino. Gente forjada em inúmeros *Clásicos del Sur* contra o Banfield, em incontáveis idas aos imponentes templos dos grandes clubes da capital, à arquibancada de madeira do Ferro Carril Oeste, ao Islas Malvinas, do All Boys, ao diminuto espaço ofertado para quem vai enfrentar o Nueva Chicago. Uma *hinchada*, pois, que sabe bem o que é uma situação adversa depois de batalhas renhidas visitando Almirante Brown, Chacarita, Quilmes e outros palcos tão pouco acolhedores.

Ponte Preta e Lanús enfrentam-se em uma final improvável, mas ainda mais curioso é que a primeira partida decisiva seja disputada com forasteiros dos dois lados. Os pontepretanos pouco se importam com essa condição: presentes em número inédito para uma torcida de fora, fazem, do Pacaembu, o Majestoso ao qual estão habituados.

7. INFILTRADO

X.
2017, SETEMBRO. ARENA CORINTHIANS
CORINTHIANS 1 × 1 RACING CLUB (ARG)

"¡Hola amigo! ¿A dónde va este autobús?", pergunto, já dentro do ônibus. "A nuestro hotel, pero no sé la dirección". O tipo não sabe e ninguém mais parece saber. Concluímos, Cabrerão e eu, que qualquer lugar seria melhor do que ficarmos largados na sinuosa avenida que dá acesso ao setor visitante. Embarcamos rumo ao destino-surpresa, confiantes de que, uma vez mais, tudo daria certo. Afinal, havíamos chegado à arena de Itaquera sem ingresso e conseguimos os bilhetes com um grupo de *hinchas* que ficou do lado de fora até minutos antes da partida para poder beber mais algumas latinhas de cerveja de procedência misteriosa — além deles e de uma meia dúzia de policiais, não havia ninguém por perto. As entradas vêm acompanhadas de uma oferta, que aceitamos meio a contragosto, para compartilhar as tais cervejas, já em temperatura ambiente. Uma vez lá dentro, em meio à cantoria que se espera de quem viaja até outro país, nos separamos desse grupo e, adentrada a madrugada do pós-jogo, seguimos o fluxo dos forasteiros até os ônibus — pouco mais de uma dezena. Entramos em um dos primeiros e nos sentamos em uma fileira qualquer, torcendo para ninguém pedir um recibo da passagem ou um comprovante. Era um veículo executivo, do tipo utilizado por torcidas fora do país, e o comboio foi cortando as avenidas desertas da zona leste paulistana até concluir o trajeto em um local bem propício: a avenida Ipiranga, no centro. Já não há quase nada aberto; uma birosca, com algumas poucas mesas na calçada, vira o refúgio de argentinos que estão a poucas horas de pegar o voo de volta. Lembro das tantas vezes em que fiz isso nas madrugadas de outras metrópoles e sinto um alívio enorme por estar a apenas três quilômetros da minha cama.

RODRIGO BARNESCHI

8. TIJUCA, BRASIL
MARACANÃ, RIO DE JANEIRO, 2007-2019

O Rio de Janeiro que se apresenta ao torcedor organizado em uma caravana com destino ao Maracanã, a São Januário ou a qualquer de seus estádios não é a metrópole dos cartões-postais. A partir de São Paulo, vê-se a miríade de municípios da Baixada Fluminense — a cem quilômetros por hora não se pode distinguir uma da outra —, depois a avenida Brasil, que só sabe impressionar negativamente, e chega-se ao local do jogo sem que o passageiro tenha contato com as belezas que justificam o epíteto de Cidade Maravilhosa. Na volta, o percurso inverso.

Não à toa, os novatos em viagens para a capital fluminense costumavam repetir o mesmo discurso em algum ponto da avenida Brasil: "Mas é isso aí o Rio de Janeiro? Minha quebrada é mais bonita". Ao que eu, profundo conhecedor e amante da cidade, buscava retrucar com uma aula improvisada sobre a geografia local. Desisti depois da terceira ou quarta viagem.

Minhas primeiras partidas em solo carioca foram no comboio da torcida organizada, cumprindo o roteiro que me permitia entender o olhar dos que só conhecem o Rio no bate e volta até um campo de futebol. Anos depois, passei a encarar os pelo menos quatro encontros anuais contra os grandes clubes locais como oportunidades para passar mais tempo por lá (um dia, um fim de semana ou uma madrugada).

Fazendo o trajeto entre as duas cidades de carro, de avião ou de ônibus de linha, formei uma rede de apoio e sociabilização para antes e depois dos noventa minutos. Essa rede tem como epicentro os tantos botequins tradicionais da Tijuca, bairro de figuras como Edu Goldenberg, Felipe Quintans, Leo Boechat e Luiz Antonio Simas.

De maneira destacada, o Bar Madrid, antigo Rio-Brasília, na Almirante Gavião, tornou-se o porto seguro, reunindo diferentes grupos de palmeirenses a uma distância calculada do Maracanã — não tão perto, o que evita multidões, mas não tão longe. É justo destacar outros estabelecimentos de boa acolhida: o Bar do Chico, na Afonso Pena com a Pardal Mallet; o Bode Cheiroso, na General Canabarro; e o Na Brasa Columbia, na Haddock Lobo.

Ao longo das últimas décadas, foram dezenas de visitas à Cidade Maravilhosa, com a experiência expandida para um sem-número de duelos do Vasco — pela irmandade entre as torcidas — e dos outros cariocas. Em viagem para ver o Palmeiras no domingo, por exemplo, sempre dou um jeito de assistir também ao duelo do sábado, qualquer que seja.

Foi assim que presenciei partidas importantes ou irrelevantes no meio de entusiastas de todos os grandes cariocas — sim, o Flamengo incluso. Igualmente acompanhei, de perto, a rotina de viajantes de outros estados. Houve, ainda, ocasiões em que fiz coberturas jornalísticas como repórter, emprestando um olhar profissional à atividade que melhor desempenho na vida.

Uma vez agrupadas, as reminiscências de uma série de duelos no Maracanã constituem um painel bem representativo do que significa ser visitante nesse desbunde que é o Rio de Janeiro. São lampejos esparsos de tardes, noites e madrugadas que poderiam pertencer ao memorial de torcedores de qualquer outro clube.

1.
2007, MAIO
FLAMENGO 2 × 4 PALMEIRAS

Domingo, 22h58. Canteiro lateral da via Dutra, no sentido Rio-São Paulo, pouco antes da praça de pedágio de Seropédica. Um dos nossos foi baleado,[3] outros tantos projéteis alojaram-se na fuselagem dos ônibus, mas o Gepe — que nos deixou sem escolta nem bem saímos do Rio — nos trata como culpados. Estamos há horas sem poder comer ou fazer necessidades básicas e com a mente ainda atormentada pelo espocar de tiros que vieram de dois ou três automóveis — as versões divergem. Também há desacordo entre os palpites sobre a cor das camisas agressoras: podem ter sido os rubro-negros da Jovem Fla, rivais do dia no Maracanã, ou os botafoguenses da Fúria Jovem, aproveitando a ocasião para dar sequência à escalada de conflitos com a organizada paulista. A atuação memorável de Edmundo na abertura do Brasileirão se apaga diante de cada estampido seco que nos levou ao chão dos coletivos que serpenteavam pela via Dutra, com os motoristas certamente sem saber o que fazer diante de tão brutal ataque. A saraivada de tiros cessou pouco antes do pedágio: os ônibus pararam, os mais afoitos desceram, os dois ou três carros sumiram. A PM chegou e, claro, nos declarou responsáveis pelo pânico instaurado entre os condutores dos automóveis de passeio. Sirenes em alto volume, viaturas dando cavalo de pau, metralhadoras em punho. Intimidação, ameaças, agressões. "Todos pro chão", revista policial ostensiva, aquele circo todo. Estávamos em cerca de quinhentos, divididos em catorze veículos, e ficamos retidos por horas. Era Dia das Mães. Deixei a minha em casa, para quase não voltar. Foi minha última caravana com a Mancha Verde.

---

[3] O palmeirense Alessandro Camilo de Melo, o Gão, foi atingido na cabeça e seguiu para o Hospital da Posse, em Nova Iguaçu. Ele estava no ônibus à frente do veículo em que viajava o autor. Após três meses de internação, Alessandro faleceu em 5 de agosto de 2007. Disponível em: https://oglobo.globo.com/esportes/ma-noticia-no-palmeiras-torcedor-baleado-em-maio-morre-4164099.

8. TIJUCA, BRASIL

11.
2008, NOVEMBRO
FLAMENGO 5 × 2 PALMEIRAS

Os passos são largos, apressados, com raiva até, mas nunca pareceu tão longa a caminhada até o Shopping Tijuca. Sinto-me ferido pela goleada que sepultou o sonho do título, pelos gritos de olé e, algo bem pessoal, por ter abandonado meu lugar com a partida ainda em andamento pela primeira vez na vida. Fiz isso não por impulso, mas com base em uma análise fria e objetiva: ficar até o fim significaria contar com a boa vontade da PM para sair meia hora depois e, então, encarar hordas de flamenguistas na avenida Maracanã, no shopping, em toda parte. Em um cálculo bem conservador, deixar o Maracanã a cinco minutos do fim, com um 5 a 2 atravessado na garganta, representaria antecipar em uma hora o retorno para casa. Saímos, pois. Descemos a rampa buscando nos desvencilhar de rubro-negros que já vão embora, e a culpa se apossa de mim ali mesmo. Os fones de ouvido me colocam em contato direto com o que se passa no gramado, mas me sinto o mais relapso de todos os torcedores ao ser soterrado por um estrondo de quase gol que se faz ouvir na travessia da rua São Francisco Xavier. Fiz o que sempre condenei nos outros: joguei o Palmeiras aos urubus, desonrei minha reputação, fraquejei. Nada aconteceu nos cinco minutos finais e chegamos a São Paulo uma hora antes do previsto, mas eu prometi a mim mesmo nunca mais sentir o remorso que me consumiu a cada passo que dei da rampa da Uerj até o estacionamento do shopping.

RODRIGO BARNESCHI

III.
2009, JULHO
FLAMENGO 1 × 2 PALMEIRAS

Não sei dizer quem havia bebido mais, se nós ou se o taxista que nos levou até o aeroporto. Ele já havia nos trazido do Maracanã até a Lapa, mas ouso dizer que nos deixou no boteco e seguiu para outro, a fim de ele próprio se embriagar. De onde resulta que fizemos uma viagem das mais arriscadas pela Linha Vermelha, na época em que um voo de madrugada do Galeão para Guarulhos permitia deixar o estádio à meia-noite, aproveitar algo da vida noturna carioca e, de volta a São Paulo, escapar do trânsito matinal. Em um grupo de doze amigos, aproveitamos aquelas horas como poucas vezes fizemos: não só por vencer o maior rival interestadual, mas também porque, ao mesmo tempo, o Cruzeiro havia deixado escapar o título da Copa Libertadores, em casa, para o Estudiantes. Bebemos até sermos expulsos de um boteco da Lapa, já vivendo dentro de um clichê, com todas as cadeiras, exceto as nossas, amontoadas nas mesas e os garçons jogando água e esfregando tanto o chão quanto os nossos pés. Deixamos o bar a contragosto, cada qual segurando um copo e uma garrafa de saideira. E então, no horário combinado, chegou nosso ébrio condutor, um Agostinho Carrara entorpecido e um tanto mais falante, em um táxi cheirando a areia da praia, com vidros engordurados, maçanetas quebradas e a insistente luz de alerta do óleo acesa no painel. Do percurso Lapa-Galeão, só de duas coisas me lembro: que não se respeitou nenhum semáforo e que chegamos a tempo de pegar o voo.

8. TIJUCA, BRASIL

IV.
2009, NOVEMBRO
FLUMINENSE 1 × 0 PALMEIRAS

Domingo à tarde, um sol digno dos dias mais quentes da zona norte carioca. Dois clubes, uma decisão, objetivos distintos: o time paulista busca manter a liderança contra um mandante desesperado que, mesmo com a vitória, não deixaria a zona de rebaixamento. Faltam cinco rodadas para a conclusão de uma temporada acirrada, e 64 mil almas comparecem ao estádio Mário Filho. Eis que vem um levantamento da esquerda. Obina, o centroavante alviverde, quase não precisa saltar para encaixar um cabeceio que confere à bola uma direção certeira. Gol. Explosão nas cadeiras azuis do Maracanã. De repente, um braço levantado. Gol anulado. Impede-se a festa, revoga-se o grito de gol, censura-se a alegria coletiva. Um erro grosseiro, responsável por mudar a sorte do campeonato e traumatizar o palmeirense pelos anos seguintes. Uma falha tão clamorosa quanto duradoura. O Palmeiras perde a liderança, desaba na classificação e não fica sequer entre os classificados para a Libertadores. Mal sabia eu que o gol anulado aos 29 minutos da etapa inicial viria me visitar mais algumas vezes. Como se não bastasse a lembrança reiterada da derrocada que custou um título nacional, o palmeirense teve ainda de lidar, quase uma década depois, com a estarrecedora justificativa utilizada pelo apitador ao confessar seu deslize: "Perigo de gol". Para um torcedor em específico, que desabafou contra a injustiça em seu blog pessoal, o incômodo viria também por ocasião de dois processos, movidos em 2017 pelo árbitro. Ele não conseguiu o que queria com as fracassadas ações judiciais, mas precisou apenas erguer o braço direito em uma tarde de 2009 para deixar um estrago irreparável na alma de milhões de torcedores.

RODRIGO BARNESCHI

V.
2010, SETEMBRO
FLUMINENSE 1 × 1 PALMEIRAS

O empate, satisfatório, veio nos descontos, mas eu só tenho olhos para a matéria inanimada que compõe o gigante prestes a ser assassinado. Os pedaços de plástico, verdes, amarelos, azuis ou brancos, que delimitam o espaço reservado para o traseiro de cada pessoa. As divisórias de ferro que fazem as vezes de corrimão. Os charmosos túneis de acesso. O cimento armado que, a despeito de reformas recentes, guarda vestígios do templo erguido para a Copa de 1950. É a última vez, eu bem sei. Dias depois, o Maracanã será fechado para obras. Dizem os propagadores da modernização que era necessário fazer adequações, visando à realização da Copa do Mundo de 2014. Que bobagem! A verdade é que estão condenando-o à barbárie dos que travestem seus crimes de um discurso empresarial rebuscado. Não quero deixar o templo sagrado que aprendi a amar ao longo de poucas visitas anuais, mas logo mais sai o ônibus para São Paulo e acelero o passo nem bem o jogo termina. Na saída, deslizo a mão em cada pedaço do velho cimento que resistiu a seis décadas. Paro na entrada do túnel de acesso e deixo meu olhar fazer o percurso panorâmico pela imensa estrutura. É a hora da despedida. Respiro fundo e ergo a cabeça. Viro as costas e dou adeus. Sigo meu caminho para, três anos depois, reencontrar uma certa arena que poderia estar em uma metrópole longínqua, quase nada restando do Maracanã que foi a cara do Rio de Janeiro desde 1950.

8. TIJUCA, BRASIL

VI
2013, JUNHO
MÉXICO 1 × 2 ITÁLIA

Em minhas mãos, seguro um pedaço de papel que parece menos com um ingresso e mais com uma credencial; não pode ser bom sinal, penso. Me aproximo do território sagrado antes ocupado por um gigante de concreto e constato que, em seu lugar, outro estádio foi erguido. A rampa da Uerj sobreviveu à violência cometida em nome do padrão Fifa e, ao subir por ela, me emociono. O tal ingresso que mais parece credencial está repleto de algarismos. São indicativos de um assento numerado que eu prometi nunca respeitar. Um sujeito de colete laranja se aproxima, todo sorridente: "Boa tarde! Seja bem-vindo ao novo Maracanã", proclama. Não consigo retribuir o gesto; sei que aquele sorriso vai estar embutido no preço do ingresso e prefiro um estádio popular em vez de boas-vindas bem ensaiadas. Ele oferece ajuda para eu encontrar meu assento. Aquilo soa ofensivo, mas eu me controlo e apenas ignoro o sujeito que, descubro depois, resolveram chamar de *steward*. Dirijo-me ao lugar de minha preferência, à direita das cabines de rádio, e procuro um espaço para exercer o direito de ficar em pé durante todo o jogo. Encontro um lance de arquibancada bem no alto, quase uma passagem, sem assentos parafusados no concreto, e ali me posiciono. Um dos sujeitos de laranja esboça vir falar comigo, mas percebe, pela minha expressão, que é melhor ir ajudar uma das tantas pessoas que querem fazer valer o direito a um pedaço de plástico para chamar de seu. Fico em pé o tempo todo, solto alguns xingamentos apenas a título de desobediência civil e, por vezes, desvio o olhar do jogo para observar comportamentos de quem parece estar ali pela primeira vez na vida. Abaixo de mim, dois sujeitos elogiam o tipo de material utilizado nas pias dos banheiros. Outro, durante um lance de perigo, grita para o torcedor abaixo dele se sentar. Duas amigas tiram a tarde para um ensaio fotográfico em meio à multidão. Percebo então que eles, os deslocados, são tantos e tão efusivos que os poucos frequentadores habituais daquele ambiente se tornam os elementos estranhos. Sinto-me, pois, um forasteiro no lugar que me é mais familiar.

RODRIGO BARNESCHI

VII.
2014, SETEMBRO
FLUMINENSE 3 × 0 PALMEIRAS

Os *stewards* que a Copa do Mundo legou ao Maracanã são, por assim dizer, bedéis da arquibancada. Às dezenas, circulam entre os torcedores, controlando o comportamento alheio: "Ei, você não pode ficar na escada de acesso", "Não coloque o pé na cadeira da frente". Eu já havia discutido com um deles em um duelo anterior, contra o Flamengo, e volto sem grande disposição para aceitar tais ingerências. Daí que, com o placar adverso em 3 a 0, me atiro em uma cadeira e apoio o pé no encosto do assento inferior. Surge um desses *stewards*, homem já de certa idade, e solicita que eu tire o pé de lá. Eu o ignoro. Continuo com o olhar perdido em algum lugar do gramado, como se nada estivesse acontecendo. Ele pede algumas vezes; eu finjo não ouvir. Nada faço, nem sequer lhe dirijo o olhar, e o *steward* se vê obrigado a chamar o policiamento. Convencido por um elemento fardado, tiro o pé da cadeira e fico a andar de um lado para o outro, menos incomodado com o ocorrido e mais com a situação dentro de campo. Entre idas e vindas, me aproximo novamente do fiscal que antes havia ignorado. Fixo o olhar em seu rosto: marcado pela vida, sofrido até, mas, acima de tudo, sereno. O que mais me chama a atenção é a vistosa aliança na mão esquerda. Já um tanto alheio ao espetáculo grotesco no gramado, começo a pensar na trajetória de vida daquele senhor. Ele deixa de ser o bedel que tinha me importunado e passa a ser um brasileiro que está fazendo seu trabalho (honesto, em que pese minha opinião sobre a função em si) para sustentar a família. Devastado por mais um fracasso, fico a questionar como teria chegado até ali o cidadão que calhou de ser o *steward* em meu caminho naquela noite infeliz. Onde nasceu? Onde mora? Tem filhos? Netos? O que já fez para ganhar a vida? Como arrumou o emprego? As perguntas ficam sem resposta, mas meu habitual comportamento irascível dos estádios cede espaço para a compaixão. No derradeiro trilar do apito, me dirijo até o homem que antes ignorei, olho em seus olhos e dou-lhe um abraço. Peço desculpas e recebo um sorriso tímido como resposta. Em paz, sigo em frente.

VIII.
2014, OUTUBRO
BOTAFOGO 0 × 1 PALMEIRAS

Rodoviária Novo Rio, sala VIP da Viação 1001. O nome é exagerado, mas conforto se faz dispensável. Carrego na bagagem uma vitória que, encerrado um tenebroso Campeonato Brasileiro, se revelaria decisiva para evitar a degola. Estou a minutos de embarcar no ônibus-leito que tantas vezes me fez percorrer a Dutra instantaneamente — pego no sono ao acionar do motor e só acordo na rodoviária do Tietê, com um cutucão do motorista: "Ei, amigo, chegamos". Degusto mais uma Antarctica e transpareço algo entre felicidade contida e alívio transbordante. Tantas vezes já estive naquela rodoviária depois de jogos noturnos, mas nem sempre com um sorriso no rosto, e sei o quanto é difícil pegar a estrada após uma derrota. Recordo cada passo até o redentor 1 a 0. A correria para sair do trabalho e chegar a tempo em Congonhas. O desembarque no Santos Dumont. O Maraca com o dia ainda claro e o movimento fraco — nem dez mil espectadores. O aguardado retorno de Fernando Prass à meta. A descida pela ponta. O cruzamento. O domínio de costas, o giro e a finalização de virada, um quase voleio. Bola no canto. Gol. A explosão forasteira logo atrás da meta. A cantoria incessante. A expectativa pelo apito final. O medo de sofrer um gol irreversível. Os abraços definitivos. A descida da rampa com uma alegria comedida — um sorriso fora de hora pode ser o pior inimigo de um torcedor visitante. A sensação de caminhar nas nuvens pelos corredores da rodoviária carioca e encontrar outros de verde. O que está por vir, a começar pela poltrona-cama. A minha é sempre a última do canto direito, isolada. Seis horas de sono até o Tietê para, ainda sonado, subir a escada rolante que me coloca em contato com a metrópole apressada. Passos largos e decididos. Os primeiros olhares parecem me identificar como o guerreiro que foi buscar três pontos preciosos. Logo me misturo à multidão de partidas e chegadas. O metrô. O povo indo trabalhar. Mais ninguém me reconhece como o combatente de uma batalha distante. Posso ali ser confundido com quem vibrou com o gol salvador em casa ou em um bar. Mas não consigo esconder certo ar de superioridade: sei de onde estou vindo, sei o que fiz na noite anterior, sei o que trago. Isso basta.

RODRIGO BARNESCHI

IX.
2015, OUTUBRO
FLUMINENSE 2 × 1 PALMEIRAS

Cerveja a R$ 7,00, Maracanã, semifinal de Copa do Brasil. Mais de quatro mil visitantes. Meu irmão, trôpego, dança ao som de uma música imaginária na rampa de acesso, pouco depois de querer adotar um simpático vira-lata que se esgueirava pelas travessas da Tijuca. A caminhada havia sido um tanto arriscada desde o Bar Madrid porque, tendo começado a beber ainda no início da tarde, muitos resolveram seguir já fardados. Era um pelotão tão respeitável numericamente quanto eticamente fragilizado. Houve altercações aqui e ali, confrontos isolados foram reportados de maneira um tanto incongruente, mas nada de grave ocorreu. Com a venda de cerveja nas praças esportivas cariocas liberada na semana anterior, a semifinal é o primeiro evento desde a efetivação da medida. Uma notícia alvissareira para torcedores impedidos de beber dentro de estádios há duas décadas. Bebemos tanto quanto foi possível. Foi daquelas noites em que se lembra pouco do que se passou no gramado e tudo o que se viveu antes, com a estreita Almirante Gavião do Bar Madrid parecendo, desde cedo, uma rua da Pompeia palmeirense. O pastel de jiló com camarão. O maracujá da casa. Engradados entrando e saindo. Gente que chegava do Santos Dumont, do Galeão, da Novo Rio, em vans, da Dutra, de hotéis da zona sul. Conhecidos de outras jornadas, rostos que o tempo havia apagado, outros a começar uma trajetória forasteira. Sorrimos e bebemos como se não houvesse decisão em poucas horas. Os respectivos trabalhos foram esquecidos, celulares repousaram nos bolsos, problemas foram deixados de lado. O meio de semana virou fim de semana. Fomos felizes.

8. TIJUCA, BRASIL

X.
2019, SETEMBRO
FLAMENGO 3 × 0 PALMEIRAS

Tal foi o caráter decisivo da inapelável derrota sofrida no Maracanã que parece ser até um jogo válido pela 36ª rodada — mas é apenas o encontro do primeiro turno, pela 17ª jornada do Brasileiro. É o melhor Flamengo em décadas, e disso já se sabia no início do semestre. Mas eu acredito, insisto e aposto no imponderável, na força da camisa, na escrita favorável. E pago caro, muito caro. Quatro dias passados desde a catastrófica eliminação caseira da Copa Libertadores, o Palmeiras despede-se de Felipão pela terceira vez e vê o campeonato terminar três meses antes da última rodada. Se em outros tempos passar um dia entre a Tijuca e o Maracanã bastaria para salvar algo do domingo, dessa vez há o peso do Lorenzo e do Nicolas — este com apenas dois meses de vida — em casa com a Verena, minha esposa. Enquanto sofro com o calor, com o massacre rubro-negro e, depois, com o atraso do voo no Galeão e o desvio para Guarulhos, só consigo pensar em meus filhos e no impacto da decisão de passar um domingo inteiro longe da família. A culpa paterna me causa tanto dano quanto a derrota em si: compreendo que, por um tempo, o único jeito de seguir com a obsessão será carregando os dois pequenos a tiracolo. Espero que um dia eles possam me perdoar por tê-los levado para um caminho sem volta.

9. RESGATE
ILHA DO RETIRO, RECIFE, 2009

Duas derrotas na largada do grupo da morte da Libertadores. O revés na estreia foi até compreensível, diante da atual campeã LDU e na altitude de Quito, mas ninguém contava com o 3 a 1 sofrido para o Colo-Colo. A caminhada lamuriosa pelas alamedas do Jardim Suspenso ecoa a frustração de um povo que sonha com a América dez anos depois do título de 1999.

Sigo até a esquina da Turiassu com a Caraíbas e, como de costume, lá está a roda de amigos do Dissidenti, um grupo que, habituado a se encontrar em aeroportos, hotéis e estádios, criou laços tão fortes a ponto de montar uma sede — e um bar — bem perto do Palestra Itália. Resolvo tomar uma cerveja, um pouco por hábito e outro tanto para ajudar o ambulante, que carrega o isopor pesado como se a noite estivesse começando. As conversas não fluem, as palavras são substituídas por lamentos curtos, resmungos e pessimismo.

Encontro o Cabrerão, assim conhecido por ser um sujeito pouco afeito a sorrisos. Após derrotas acachapantes, ele costuma ser a voz mais raivosa de todas, elencando números, análises táticas e soluções para resolver problemas que o treinador de plantão não consegue. Nesse dia, parece mais indignado do que o habitual, e eu dou início à conversa: "Fodeu, estamos quase fora". Ele assente com a cabeça, pesaroso. Eu, sem pensar direito, emendo com algo que muito poderia se assemelhar a uma bravata: "Vamos ter de viajar a Recife para buscar a reação".

Os olhares ao redor oscilam entre reprovação e escárnio, como se eu tivesse dito um absurdo sem precedentes. O mais sensato seria o recolhimento: lamber as feridas, amaldiçoar o elenco que tão cedo enterrou o sonho do bicampeonato, encontrar a resignação pertinente ao momento. Mas sensatez é algo que passa distante de torcedores obsessivos e, ainda na madrugada, emito as passagens aéreas para Recife.

Um mês se passou entre a derrota para o Colo-Colo e o enfrentamento com o outro brasileiro do grupo. Atual campeão da Copa do Brasil e com um time muito bem montado, o Sport teria a vantagem de jogar na Ilha do Retiro, diante dos seus e em um ambiente inflamado por uma rivalidade instaurada pelos próprios dirigentes do rubro-negro pernambucano, com forte reverberação na mídia esportiva.

Olhando em retrospectiva, não consigo condenar a estratégia dos dirigentes. O Sport vivia grande fase e, com campanha inversa à do alviverde (duas vitórias nas duas primeiras rodadas), estava a um triunfo de encaminhar uma inédita classificação para a segunda fase da Libertadores e, ao mesmo tempo, eliminar seu conterrâneo. Foi esse o cenário que motivou um clima de guerra para o embate a ser realizado na Ilha do Retiro.

O problema foi a dosagem. A busca por polarização com os clubes paulistas vinha desde a conquista nacional do ano anterior, após derrubar o Palmeiras, nas oitavas de final, e depois o Corinthians, na decisão. Ressentido com uma alegada cobertura parcial da imprensa do eixo Rio-São Paulo, o Leão da Ilha passou a investir em uma narrativa de fundo bairrista, como se houvesse uma disputa entre Nordeste e Sudeste. Esse era o discurso do vice-presidente Guilherme Beltrão, sempre metido em entreveros públicos com jogadores, técnicos e dirigentes adversários.

Talvez como consequência da dosagem exacerbada e do elevado nível de confiança, o Sport perdeu-se na precificação, elevando a R$ 100,00 o valor cobrado pelo ingresso mais barato. Tal montante, equivalente a 21,5% do salário-mínimo da época, era incomum em um período pré-Copa do Mundo e com as arenas em fase de planejamento. Resultado? Apenas 19 mil pagantes, frustrando a expectativa de quarenta mil torcedores e amenizando a pressão.

Não é tarefa simples explicar o que leva um torcedor a sacrificar dias de trabalho e gastar uma soma considerável para ir atrás do seu time em condição tão crítica. Tenho para mim que é o tipo de situação em que o sujeito entende que precisa ir em defesa de uma causa, de uma história e da camisa, com o placar constituindo variável quase acessória.

Durante todos os dias entre a compra da passagem aérea e a viagem em si, fico a questionar a decisão tomada com sede de vingança. Por que, afinal, eu sinto que minha presença é assim tão necessária em um duelo fora de casa que poderia muito bem representar a derrocada de um grupo que havia começado o ano como favorito ao título continental?

Para tornar a missão ainda mais complicada, o ambiente da Ilha do Retiro promete ser um tanto mais hostil que o habitual — e o adjetivo aqui configura um elogio ao estádio e à torcida. Os jornais locais estampam manchetes como "Bem-vindos a Hellcife", e eu devo dizer que tal cenário funciona como atrativo para os mais obcecados: diga a um aficionado com sangue nos olhos que ele está prestes a encarar uma guerra e ele logo garante sua posição na trincheira.

O torcedor alimenta-se do clima bélico, tanto quanto de manchetes sensacionalistas, declarações impensadas e de tabus ou escritas que existem para cair. Há técnicos que sabem trabalhar muito bem com fatores motivacionais — Vanderlei Luxemburgo, à época em sua quarta passagem pelo clube, talvez tenha sido o mais eficaz nesse sentido. Os que não sabem poderiam muito bem resolver isso tendo meia dúzia de conversas com frequentadores da arquibancada: daí podem vir todos os argumentos necessários para impulsionar uma reação improvável.

A chegada à Ilha do Retiro é tão arriscada quanto a saída, também pelo pequeno número de forasteiros. Somos poucos e bons, quero crer que mais bons do que poucos. Cantamos incessantemente, menos por confiança no grupo de jogadores e mais para não sucumbir diante do barulho do outro lado. O semblante de cada companheiro de luta alterna entre o orgulho de ali estar para o resgate de um gigante e o pânico provocado pelo risco de uma eliminação prematura.

O 2 a 0 marca a reação alviverde, que conquistaria mais sete pontos no returno e avançaria como segundo colocado. Por um capricho do destino, o emparelhamento das chaves eliminatórias coloca o Sport novamente em nosso caminho, já na fase seguinte. Mais clima de guerra, mais rivalidade, mais disputa de bastidores.

Temos, pois, que voltar a Recife bem antes do esperado — e logo para a primeira rodada do mata-mata. A combinação de vitória por 1 a 0 em casa e derrota pelo mesmo placar como visitante leva a disputa para os pênaltis. E em noite inspirada de São Marcos, o Palmeiras classifica-se para as quartas de final, contra o Nacional uruguaio. Mas essa é uma história a ser contada no próximo capítulo.

10. EMBARQUES E DESEMBARQUES
CENTENÁRIO, MONTEVIDÉU, 2009

Procedimento de descida em direção ao aeroporto internacional de Carrasco. O piloto faz uma concessão especial a dezenas de ansiosos palmeirenses: "Pedimos aos passageiros que deem prioridade de desembarque aos torcedores, que precisam correr para chegar ao estádio a tempo".

Na fileira à minha frente, um sujeito resmunga: "Não vou dar prioridade coisa nenhuma". Consigo manter a calma, não ergo a voz, mas sou peremptório: "Amigo, eu acho bom você nem pensar em se levantar da cadeira antes de cada um de nós sair". Ele não esboça reação.

É uma ameaça impensada — o que eu pretendia fazer se o cidadão não acatasse minha sugestão? —, mas compreensível diante do que vivemos para adentrar o espaço aéreo uruguaio a menos de uma hora do apito inicial. Uma vaga na semifinal da Libertadores será decidida em poucos minutos e, resultado de uma epopeia aeroportuária, estamos bem longe do Centenário, apenas nos aproximando do desembarque. Não há como me calar diante de tal desaforo.

Libertadores de 2009, quartas de final. Tendo escapado da eliminação na primeira fase já nos descontos, em Santiago, e após superar o Sport nas oitavas, o Palmeiras encara o uruguaio Nacional. Um frustrante empate caseiro (1 a 1) torna mandatório vencer no mítico estádio Centenário, para o qual afluem cerca de dois mil brasileiros.

Muitos haviam chegado a Montevidéu na noite anterior, outros se aproximam após dois dias de estrada e muita gente ocupa aeroportos para chegar a tempo. Eu consigo apenas um dia de folga e pego um voo logo cedo, em Congonhas, com destino a Porto Alegre, onde acontecerá a conexão para o Uruguai. A cronologia das horas seguintes pode ser resumida em um amontoado de diálogos exasperados, trocas de SMS, ligações telefônicas e pensamentos soltos.

10h29. Pista. *Finger*. Desembarque.

10h35. "Pousamos em POA. Te encontro onde?"

Fico sem resposta.

10h44. Descubro que, em um lapso de tempo aberto em meio ao nevoeiro incessante, nosso avião foi o último a tocar o solo — e assim seria pelas cinco horas seguintes. As demais chegadas e partidas foram desviadas, postergadas ou mesmo canceladas.

11h37. "Cara, nosso voo não teve condições de pousar aí e voltou para Guarulhos. Estamos presos no avião, esperando liberação."

11h39. "Porra, mas é esse voo que vai nos levar para Montevidéu."

11h42. "Sim, vai ser uma escala e vocês entram."

11h44. "Estamos presos aqui até o voo de vocês chegar..."

Almoço. Quem consegue comer diante de tamanho risco?

Primeiros sinais de desespero. Anda-se de um lado para o outro, aborda-se todo e qualquer funcionário da companhia aérea; não há como disfarçar o nervosismo.

12h53. A exaltação leva a ideias, uma delas descabida: "Vamos alugar um carro e pegar a estrada até Montevidéu...". A proposta chega a ser considerada. Uma voz sensata dissipa a loucura: "Você está louco! São oitocentos quilômetros, umas dez horas de viagem".

Devo confessar: dei um jeito de consultar uma versão arcaica do Google Maps para checar se não haveria alguma possibilidade.

13h18. O pânico recicla a ideia descartada: "E fretar um avião, táxi-aéreo, essas coisas? Quanto custa?". De novo, a voz da razão reinstaura a ordem: "Não é assim que funciona e tem um monte de burocracia para ir até outro país. Sem contar que estamos em uns quarenta caras".

O mau tempo não dá trégua. O monitor eletrônico, vigiado com obsessão, parece passar um filme de terror: cada cancelamento de pousos ou decolagens é visto como prenúncio do que pode acontecer conosco.

13h29. Surge uma proposta tão engenhosa quanto desproposi-tada. "O aeroporto de Caxias do Sul está aberto? E se o voo de Guarulhos for desviado para Caxias do Sul? É só mandar a gente de ônibus para encontrar o avião lá...". Ninguém precisa responder: o tipo logo se dá conta do desvario.

13h41. Uma incauta funcionária da companhia aérea caminha perto de onde estamos. "Se for cancelado o voo para Montevidéu, tem chance de voltarmos para São Paulo? Pelo menos para assistir em casa..."

13h54. Gremista, um agente aeroportuário vem conversar conosco. "Olha, o Belluzzo está naquela salinha conversando com o pessoal da Gol e da Infraero." Esperança renovada. "O Belluzzo? Tem certeza?" Alguém diz ter visto Luiz Gonzaga Belluzzo no voo do dia anterior, para Porto Alegre, e a informação passa a fazer sentido. "Se o presidente do Palmeiras está preso aqui, esses caras vão ter de dar um jeito de fazer a gente chegar em Montevidéu a tempo."

14h15. Restam cinco horas. É chegado o momento de fazer contas de padaria aplicadas ao tráfego aéreo: uma hora e meia de GRU a POA + trinta minutos de tempo em solo + uma hora e vinte minutos de POA a MVD + trinta minutos para desembarque e imigração

10. EMBARQUES E DESEMBARQUES

+ trinta minutos no deslocamento até o estádio = quatro horas e vinte minutos. Ou seja, se o voo não decolar de Guarulhos em quarenta minutos, não vai dar tempo.

14h31. "E aí, cara, alguma novidade?"

14h34. "Estamos presos no avião desde cedo. Ninguém pôde descer. Mas uma aeromoça disse que o tempo está melhorando."

[...]

15h01. "Tudo pronto. Vai decolar aqui..."

15h02. "Boa!"

15h04. "Mas tem um problema: mandaram descer todos os passageiros que ficariam em Porto Alegre. Estou achando que o voo vai direto para o Uruguai."

Revolta na sala de embarque. Os ânimos ficam exaltados. Bombardeado por perguntas, um funcionário da empresa aérea diz que vai apurar a informação.

15h17. "Atenção, senhores passageiros com destino a Montevidéu. Informamos que o avião que estava esperando em São Paulo decolou e deve fazer a escala aqui em Porto Alegre para seguir viagem." Deve?

Há quem já tenha bebido além da conta. O ar na sala de embarque parece tão pesado quanto o que impede a descida dos aviões lá fora.

15h32. O gremista do aeroporto traz uma informação desconcertante. "Bah, estão dizendo que o avião vai fazer uma última tentativa de pousar aqui e, se não der certo, vai seguir sem vocês." Olhamos para a pista e o céu continua ameaçador. "Onde está esse avião? Alguma chance de o tempo abrir até ele chegar?"

15h51. "Se der errado, tem algum bar bom para a gente assistir ao jogo em Porto Alegre?"

15h52. "Cara, não tem a menor condição de eu ver o jogo aqui..."

Os funcionários da companhia aérea desaparecem. Devem estar escondidos. Se eu estivesse no lugar deles, faria o mesmo.

16h11. Somos todos meteorologistas. Olhamos para o céu, buscando um solitário raio de sol capaz de burlar o nevoeiro. Maldizemos cada gota d'água que desliza pelo lado de fora do vidro.

16h23. "Atenção, senhores passageiros do voo Gol 7488. Informamos que acaba de pousar o avião que veio de Guarulhos para seguir viagem até Montevidéu. O embarque será realizado dentro de 25 minutos."

A sala de embarque explode. Abraços, correria, cerveja voando dos copos e garrafas. Cantoria, gritos de guerra, bandeiras agitadas.

16h53. Embarcamos com pressa e, enfim na aeronave, ocorre o encontro com os que lá estavam desde cedo. O alívio mistura-se a uma certa tensão por causa do horário apertado. Tem espaço até para cobranças sem sentido: "Porra, sério mesmo que vocês queriam seguir para o Uruguai sem buscar a gente aqui?".

17h10. Altitude de cruzeiro. Lá do alto, vê-se o Guaíba.

18h03. Cai a noite. As planícies uruguaias dominam a paisagem. Chega a informação de que o presidente Belluzzo, conosco no voo, mandou providenciar dois ônibus na saída do terminal e mais a escolta policial para garantir a chegada ao estádio antes do apito inicial. Aplausos.

18h21. O avião toca o solo uruguaio. O passageiro do banco à minha frente não esboça reação. Cerca de oitenta palmeirenses amontoam-se no corredor central, em desespero, para vencer as burocracias típicas de um desembarque internacional.

Corremos, em bandos, pelos corredores do terminal. A entrada em outro país nunca foi tão rápida. Lá estão os dois coletivos, motores ligados, a nos esperar logo na saída do saguão.

18h53. Os ônibus rasgam toda a extensão da avenida Italia.

19h12. Acesso ao setor visitante. Jogadores em campo. Incautos, alguns viajantes esgueiram-se pelo lado de fora, impedidos de girar a catraca pois incapazes de superar o teste do bafômetro

— procedimento tão exagerado quanto comum em países como Uruguai e Chile.

19h13. Catraca. Escada de acesso. A torre de iluminação. O Centenário completamente tomado. É noite de Libertadores!

20h57. Ortigoza cruza da esquerda, à meia altura. Obina chega livre, na entrada da pequena área, mas passando um pouco da bola. Ele salta com o corpo caindo para trás e escora o cruzamento, quase de raspão. A bola passa a centímetros da trave esquerda e perde-se pela linha de fundo. São quarenta minutos da etapa final.

21h04. Empate sem gols. O Nacional avança à semifinal.

A cancha demora a esvaziar, as tribunas atrás dos gols ainda pulsando. Tal qual o ritmo da capital uruguaia, os torcedores parecem fazer pouca questão de apressar a saída. Comemoram, cantam, fazem barulho. São quase cinquenta mil pessoas a pisotear a dor de quem acaba de se despedir do sonho do bicampeonato.

21h42. Vazio, o Centenário impressiona ainda mais. Sua alma pesa; ecoam na mente as palavras de Eduardo Galeano: "Não há nada menos vazio que um estádio vazio". A história é palpável.

Vai-se a noite, chega a madrugada.

Desnorteados, ficamos a perambular pela noite fria de Montevidéu. O hostel. A caminhada sem destino certo. Um entrevero aqui, outro acolá — é a cidade dos caras, afinal. Um bar de esquina da avenida 18 de Julio. Qualquer coisa para comer, o adiantado da hora já não permite fazer exigências. "O que é *lechuga*?", alguém pergunta. Baldes de cerveja Patricia e Pilsen. Lamentações, reclamações, inconformismo. Na TV do bar, Obina cabeceia de novo e ousamos esperar um desfecho diferente. "Como é que essa bola não entrou?" Mais caminhada. Nas ruas, táxis pretos de quando em quando e nada mais. O hostel, de novo. Bate o cansaço. "Por que é que não tentamos dormir pelo menos um pouco?" Hora de seguir em frente. Carregamos, cada qual em sua mochila, a dura eliminação e mais o peso de um dia interminável, de embarques e desembarques, ilusões e decepções, escalas e conexões.

Carrasco. Salgado Filho, mais uma vez. Congonhas. Casa.

11. A TRILOGIA DE DÉRBIS
PRUDENTÃO, PRESIDENTE PRUDENTE, 2009

Determina-se, por uma lei não escrita de boas maneiras, que o visitante deve ser recebido com hospitalidade. É assim quando se abrem as portas da residência para alguém: serve-se ao menos uma xícara de café e faz-se o possível para que a pessoa se sinta bem recebida. É assim também por ocasião de uma visita profissional, com rituais bem particulares para estreitar laços comerciais. O mesmo com o turista que viaja a outro país. De modo geral, aplica-se o bordão "sinta-se em casa" ao convidado.

Ocorre que o futebol não é dado a convenções sociais. Visto como elemento quase indesejado, mas tão necessário quanto o dono da casa, o forasteiro é usualmente vítima de toda sorte de agressões. A quem é de fora não se oferece qualquer gesto de hospitalidade, com exceções tão pontuais que só fazem confirmar a regra. O visitante, no universo boleiro, é um inimigo, um rejeitado, um degradado.

O mais inusitado é que o torcedor que viaja para ver seu time não apenas demonstra enorme resiliência diante das adversidades como também, na maioria das vezes, parece fazer questão de ser maltratado.

Tome-se como exemplo o estádio Paulo Constantino, a principal praça esportiva de toda a extremidade oeste do estado de São Paulo. Inúmeros são os elementos que tornam inóspito o estádio de Presidente Prudente, e houve um ano, 2009, em que corintianos e palmeirenses se viram obrigados, por força de acordo entre dirigentes, a viajar três vezes até as proximidades da fronteira com o Mato Grosso do Sul para acompanhar uma trilogia de (ótimos) dérbis.

O primeiro, pelo Campeonato Paulista, foi de todos o mais icônico, com o gol de empate de Ronaldo já nos descontos e o alambrado que despencou na comemoração. Vieram depois outros dois enfrentamentos pelo Campeonato Brasileiro: primeiro, uma clássica goleada palestrina, com três gols de Obina, e, depois, um 2 a 2 repleto de alternâncias e polêmicas de arbitragem.

Experimentei diferentes possibilidades logísticas a cada novo duelo: viajei de avião, de carro e, por fim, de ônibus fretado. Há vantagens e desvantagens em cada método, mas o ponto comum entre todos é o fato de serem inconvenientes e nada convidativos.

Diante dessa adversidade para acompanhar a equipe, os dirigentes alviverdes ainda insistiram, nos anos seguintes, em mandar seu aficionado para Presidente Prudente a troco de outro dérbi (2011), além de um clássico contra o São Paulo (2012) e variados compromissos que, por razões distintas, o clube não pôde cumprir em sua casa. O motivo? Bem, à época, a prefeitura local movia mundos e fundos para trazer expressivos contingentes populacionais para uma arena grandiosa (45 mil lugares) e ociosa.

Não que eu vá condenar de antemão o investimento para atrair turistas esporádicos e movimentar a economia, mas o poder público se preocupou apenas em apresentar uma boa proposta financeira, sem qualquer medida de ordem prática para atenuar o pesadelo logístico ou assegurar algum sinal de hospitalidade aos esperados visitantes.

A cidade fica a 560 quilômetros da capital paulista, sendo mais rápido chegar lá a partir de outra capital, Campo Grande. De carro, gasta-se ao menos dezesseis horas entre a ida, o jogo e a volta, com um custo de aproximadamente R$ 325,00 (70% de um salário mínimo à época). De avião, o preço das passagens é proibitivo e não há garantia de horários que permitam o bate e volta em um dia. Tampouco de ônibus de linha, pois os horários nunca se adequaram aos dérbis das 16h: por cerca de R$ 160,00 (o equivalente a 35% do salário mínimo em 2009), o tempo exigido para o percurso São Paulo-Presidente Prudente-São Paulo gira em torno de 31 horas.

Cada um dos três embates de 2009 teve características distintas, e o mais lembrado foi disputado sob calor insuportável (máxima de 38 °C) e sol inclemente. O público foi total e, ainda no primeiro tempo, descobriu-se que havia acabado o estoque de água mineral — nem as torneiras dos calamitosos banheiros podiam resolver o desajuste na oferta de tão básico líquido.

Já não era mais uma questão de conforto, mas de saúde pública. Tamanho era o calor a afetar corpos e mentes que as duas torcidas ficaram desmobilizadas durante o segundo tempo, em estado quase letárgico e sem força para cantar ou fazer a festa planejada — do nosso lado, a situação ficou insustentável quando alguém resolveu que era o caso de acender uma daquelas latas de fumaça verde. De quando em quando, torcedores tinham de ser socorridos pela equipe médica.

A somatória de tantos elementos desabonadores explica, em parte, o público pagante descendente a cada novo confronto: 44.479 em março, 29.777 em julho e 18.752 em novembro. As torcidas organizadas mantiveram certo poder de convencimento para fazer seus integrantes encararem a estrada, mas o interesse dos locais despencou, na mesma proporção que a resiliência dos paulistanos habituados a viajar atrás de seus times.

Não que tudo seja ruim em Prudente. Pelo contrário. Construído na encosta de um vale, a exemplo de Pacaembu, Santa Cruz (Ribeirão Preto), Moisés Lucarelli (Campinas), Jayme Cintra (Jundiaí), Barão de Serra Negra (Piracicaba), Estádio do Café (Londrina) e outros tantos espalhados pelo país, o Prudentão é um dos campos com mais degraus em um único lance de arquibancada — talvez equiparado, em altura, apenas por Mané Garrincha (Brasília), Barradão e Pituaçu (estes dois últimos em

Salvador). Quando tomado por grandes massas, o que não acontece há quase uma década, o Prudentão permite festas belíssimas.

É forçoso observar que a trilogia de dérbis em Prudente foi o suspiro final do mais tradicional clássico paulista, com duas multidões disputando territórios para ser maioria em um estádio repartido. Depois disso, os rivais passaram a exercer o direito de mando no Pacaembu, casa de ambos entre 2010 e 2014 (enquanto o Allianz Parque era erguido, no terreno do antigo Palestra, e a Arena Corinthians era construída, em Itaquera), com carga limitada a 5% para o torcedor visitante no estádio municipal. Mas mesmo isso faz parte do passado, pois as autoridades decretaram a falência do Estado em 2016, com o advento da torcida única em clássicos.

Olhando agora em retrospectiva, me surpreendo ao constatar que, a despeito de tantos inconvenientes, guardo até boas lembranças da trilogia de dérbis a 560 quilômetros de distância da sede dos dois clubes. Mas que sejam apenas lembranças. E que não voltem nunca mais.

12. LATINOAMÉRICA
ARGENTINA, BOLÍVIA E CHILE, 2010-2014

Eu bem poderia afirmar que minha paixão pela América hispânica começou na primeira visita a Buenos Aires, em meados dos anos 2000. Ou que foi um encantamento nascido da experiência com Los Borrachos del Tablón no Morumbi, em 2005. Mas o mais correto é reconhecer que a devoção teve origem no contato com La 12, em 2000 e 2001, quando o Boca Juniors veio a São Paulo para impedir dois títulos continentais do Palmeiras.

Foram perdas traumáticas para toda uma geração de palmeirenses, ambas tendo, como trilha sonora póstuma, o ressoar ininterrupto dos *bombos de murga* e a cantoria ritmada dos argentinos, liderados pela *barra brava* boquense. Enquanto buscava reunir forças para levantar e caminhar em direção à saída, deparei-me com um sentimento inesperado, uma certa atração pelo algoz que havia acabado de degolar o sonho de uma hegemonia continental.

A sinfonia portenha deixou um legado nas músicas entoadas pela Mancha Verde, com as criações posteriores inspiradas no ritmo mais cadenciado e nas letras elaboradas das *hinchadas*. Por influência dos encontros de 2000 e 2001, destacam-se, no arsenal de gritos de guerra palestrinos deste século, canções típicas das tribunas do país vizinho.

Ali nasceu a devoção pelo futebol argentino, por suas torcidas e pela cultura do *alentar* (apoiar, torcer, incentivar) o tempo todo e de maneira incondicional. Em menor escala, fui atraído também pela cultura futebolística de outros países da América hispânica, este tão diverso continente para o qual os brasileiros costumam virar as costas.

Passei a viajar obstinadamente pela América do Sul e inventei até um mochilão por países da América Central — "Mas o que é que você vai fazer na Nicarágua?", perguntavam-me, incrédulos, os deslumbrados por Miami. De todo o continente, há uma preferência explícita: Buenos Aires é um destino que eu tento visitar ao menos uma vez por ano, de preferência com tempo reservado para o futebol. Em 2010, por exemplo, escrevi uma reportagem para a revista *Placar* e dei algumas entrevistas sobre uma maratona de cinco jogos, em estádios diferentes, no intervalo de 48 horas.

Pouco antes de me casar, em 2012, decidi que a despedida de solteiro seria justamente na capital argentina, e seis amigos me acompanharam em uma jornada de sexta a domingo, com o seguinte cardápio:

- Ferro Carril 0 × 1 Gimnasia y Esgrima, no Tomás Adolfo Ducó;
- San Lorenzo 2 × 2 Quilmes, no Nuevo Gasómetro;
- Vélez Sarsfield 1 × 0 Racing Club, no José Amalfitani;
- River Plate 2 × 2 Boca Juniors, no Monumental de Núñez.

Este capítulo dedica-se à lembrança de algumas aventuras pela América do Sul, com breves relatos de experiências futebolísticas em três países: Argentina, Bolívia e Chile.

1.
2010, AGOSTO. JULIO HUMBERTO GRONDONA, SARANDÍ/ARG
ARSENAL (ARG) 1 × 2 LANÚS (ARG)

Aturdido, o recepcionista do hostel tenta me demover do plano: "*No, no vayas a Sarandí, por favor. Es muy peligroso*". Eu tento explicar que sou *barrabrava* no Brasil e estou habituado a ambientes desafiadores. Ele retruca: "*Pero en Sarandí es diferente. Ellos sabrán que eres un turista*". Digo que vou pensar — só para encerrar a conversa — e sigo em frente. Metrô, Constitución, trem suburbano. Deserta, a plataforma da estação Sarandí parece saída de um faroeste contemporâneo. Não há uma pessoa sequer. Um saco plástico dança ao sabor do vento, um cachorro vira-lata com os olhos remelentos me olha de relance e volta a dormir. À esquerda, refletores acesos e o estádio, conhecido como El Viaducto pela proximidade com o elevado por onde passa o trem. Desço as escadas torcendo para encontrar um ser humano, mas nada. Dali até a cancha, uma caminhada de setecentos metros ao largo da via férrea, por um cenário que, à noite, revela-se muito mais hostil do que me fizeram crer as imagens do Google Street View. A vizinhança é mal iluminada e somente nas proximidades eu entendo a advertência do recepcionista do hostel: por ser um legítimo *club de barrio*, é como se todos os torcedores ali se conhecessem, cada qual sabendo onde o outro mora. De modo que um sujeito como eu, ainda que vestido discretamente e tomando as devidas precauções, desperta curiosidade e estranhamento. Passo cirurgicamente pela bilheteria vazia, não hesito em deixar uns pesos para um sujeito que pedia trocados para "inteirar o ingresso" e giro a catraca, me sentindo vigiado por um pequeno grupo que consome drogas sob olhares complacentes do policiamento. A *hinchada* do Arsenal é pequena e pouco vibrante, e os entusiastas do Lanús parecem estar em casa. Não consigo me sentir confortável em momento algum, pois os olhares desconfiados não cessam, e resolvo que é o caso de deixar a cancha minutos antes do fim, para evitar ficar retido junto com os torcedores locais. Na saída, encaro a escuridão para chegar à estação Sarandí antes do último trem para o centro.

II.
2010, AGOSTO. REPÚBLICA DE MATADEROS, BUENOS AIRES/ARG
NUEVA CHICAGO (ARG) 1 × 1 VILLA SAN CARLOS (ARG)

A minha Buenos Aires é menos Recoleta e mais Chacarita, é menos San Telmo e mais Mataderos. A minha Buenos Aires abraça os pontos turísticos incontornáveis do Microcentro, mas não se limita ao eixo de avenidas que margeiam o rio da Prata. É uma metrópole que se revela com mais convicção em bairros limítrofes, em ruas que se estendem por quilômetros no sentido oeste, nos parques e praças verdes que não têm lugar nos passeios convencionais dos turistas. É uma cidade que me oferece um cardápio repleto de jogos entre equipes tradicionais em estádios grandiosos, mas convive bem com minha opção por tomar um ônibus de linha para, mais de uma hora depois, chegar à cancha do Nueva Chicago, em um de seus extremos. É lá, em uma tarde de sábado, que a equipe local encara o Villa San Carlos, pela B Metropolitana (a terceira divisão nacional). Resolvo tirar fotos da humilde fachada do clube e dos muros que circundam o campo, e sou logo cercado por dois nativos: "¿*Eres de la policía?*", indagam. "Não, amigos, jamais". Apresento minha vivência de arquibancada e digo que estou ali para uma maratona de cinco jogos em um fim de semana, um dos quais o confronto de tão pouco apelo midiático em Mataderos. "*Viniste de Brasil para ver a Chicago?*", pergunta um deles, incrédulo. Sim, o mesmo clube *verdinegro* que, seis anos antes, assistiu a seis mil de seus torcedores percorrerem 25 quilômetros, até Avellaneda, apenas para se despedirem de uma equipe já rebaixada. O mesmo *Torito* de tantos episódios de violência nas tribunas e de rivalidades exacerbadas com todas as agremiações da zona oeste. A desconfiança de meu interlocutor logo cede espaço para a euforia e ele chama outros amigos para eu repetir o relato. Compartilhamos histórias e cervejas, sou presenteado com um cachecol e, o mais importante, recebo o aval para assistir ao jogo no meio da *barra brava* local. A partida não vai além de uma somatória de jogadas ríspidas em um gramado precário, mas isso pouco importa: o que me levou a percorrer toda a cidade não foi o futebol em si, mas sim a vibração e a paixão da torcida da casa.

III.
2010, AGOSTO. CILINDRO, AVELLANEDA/ARG
RACING CLUB (ARG) 1 × 0 ALL BOYS (ARG)

Pode parecer estranho, mas feitas as exceções ao Boca Juniors e ao Independiente, eu admiro quase todos os clubes argentinos, dois em especial: o San Lorenzo, que inspirou o nome do meu primeiro filho, e o Racing Club, que me conquistou pela torcida, pela história e pela beleza de seu estádio. Mas o propósito aqui não é enaltecer a espetacular *barra* racinguista, La Guardia Imperial, e sim a valente *hinchada* do All Boys. A primeira rodada do Torneo Apertura de 2010 não foi um jogo qualquer para o representante do bairro Floresta. Além do retorno à elite do futebol argentino depois de três décadas nas divisões inferiores, a estreia no Cilindro, contra o Racing, foi a primeira oportunidade de seus torcedores como visitantes em três anos — a praga da torcida única vigora nas categorias de acesso da Argentina desde 2007. Foi comovente, pois, a alegria de quase cinco mil pessoas que tomaram os setores superior e inferior atrás de um dos gols. Devo confessar que não vi quase nada do que se passou dentro de campo; meu olhar se alternava entre as duas extremidades da cancha, admirando os cantos, a vibração, as bandeiras. Ouso dizer que a *hinchada alba*, de tão empolgada por estar presente em um templo como o Cilindro pela primeira vez em três décadas, tampouco deu muita importância à atuação do time. Há, no YouTube, um vídeo que registra o percurso de quase vinte quilômetros,[4] entre a zona oeste da Capital Federal, onde fica o bairro Floresta, e o município da região metropolitana de Buenos Aires. É uma simples coletânea para eternizar o reencontro de uma pequena nação apaixonada com sua vocação forasteira. Já em Avellaneda, um trecho de "*Otra vez en primera van a ver a Papá*", uma das mais belas canções de arquibancada, resume com perfeição a elevada autoestima de quem escolheu *alentar* um pequeno gigante: "*y al fin van a decir la verdad los que escriben los diarios/que la banda más grande de todas es la banda de All Boys*".

---

[4] Disponível em: https://www.youtube.com/watch?v=uE_MjpSmP78&t=591s.

12. LATINOAMÉRICA

IV.
2010, OUTUBRO. HERNANDO SILES, LA PAZ/BOL
THE STRONGEST (BOL) 3 × 2 BOLÍVAR (BOL)

O rádio do táxi está sintonizado em uma estação de notícias. Uma entrevista sobre doenças do coração. É uma quarta-feira. A título de puxar assunto com o condutor, faço uma pergunta despretensiosa: *"Amigo, ¿va a haber partido hoy en el Hernando Siles?"*. O taxista responde com naturalidade: *"Sí, el Clásico Paceño"*. Eu arregalo os olhos, incrédulo: *"¿The Strongest y Bolívar? ¿Esta noche?"*. Sim, é isso. Contrariando toda uma vida de roteiros turísticos montados com base em tabelas nem sempre confiáveis, não atentei para o Campeonato Boliviano e, recém-chegado do Peru, sou presenteado com o principal clássico do país e com a oportunidade de conhecer a casa da seleção boliviana. Com direito a uma ambientação peculiar na zona central de La Paz: chuva de granizo, temperatura abaixo de 10 °C e os inescapáveis 3.600 metros acima do nível do mar. Do lado de fora, vendedores ambulantes trabalhando livremente, barracas com todo tipo de comida e movimentação caótica. Lá dentro, público concentrado nas cabeceiras atrás dos gols, rivalidade latente, um jogo repleto de reviravoltas. Ao final, com o The Strongest à frente do placar, um aficionado do Bolívar invade o campo para agredir um jogador oponente e dá início a uma grande briga. Na saída, carregado por policiais, ergue os braços em frente aos seus, em sinal de vitória, e é ovacionado. Tão barato custou o ingresso e tão forte cai a chuva que eu me reservo o direito de ser mais turista e menos torcedor: assisto a tudo no setor central, que é coberto e tem cadeiras, além de uma senhorinha que serviu café o tempo todo, e escapo da tempestade.

V.
2010, OUTUBRO. OLÍMPICO PATRIA, SUCRE/BOL
UNIVERSITARIO DE SUCRE (BOL) 0 × 1 PALMEIRAS

"Meu bem, estou lendo coisas interessantes sobre Sucre. Sabia que é considerada *La Ciudad Blanca*, por causa da cor do teto das casas?" Ela move a cabeça de um lado para o outro, na horizontal, sinalizando que não. "A área colonial é Patrimônio Mundial da Unesco", prossigo. Ela olha sem entender direito o amontoado de dados aleatórios. "O que você acha de incluir Sucre no roteiro?" Sim, a capital jurídica da Bolívia tem lá seus encantos, mas a empreitada não tem relação com igrejas, monumentos ou museus, mas com o estádio Olímpico Patria. O itinerário da viagem por Peru e Bolívia já estava há muito definido, mas o Palmeiras avança na Copa Sul-Americana e a tabela o coloca diante do Universitario de Sucre. Um remanejamento se faz necessário. De Sucre, guardo boas lembranças da cidade e de um encontro de dois mundos.

Fim de tarde no centro histórico da cidade. Termina a aula em uma escola pública das redondezas e as crianças, na faixa dos sete aos nove anos, saem às ruas. Ao mesmo tempo, cerca de 25 integrantes da TUP (Torcida Uniformizada do Palmeiras) deixam o hostel em que estão hospedados. No momento de embarcar no ônibus para ir ao jogo, os organizados são cercados pela molecada que, à cata de autógrafos, imagina estar diante de jogadores — e não de torcedores. Ouço, de um dos uniformizados, a frase que melhor define a situação: "São todos vagabundos no Brasil e estão dando autógrafo na gringa". As crianças, iludidas e felizes, comparam as assinaturas em seus cadernos escolares.

VI.
2011, ABRIL. CILINDRO, AVELLANEDA/ARG
RACING CLUB (ARG) 2 × 0 INDEPENDIENTE (ARG)

É assim que Verena, minha esposa e parceira de viagens pelo Brasil e pelo mundo, descreve os apoiadores do Independiente no Cilindro, durante o clássico de Avellaneda: "Eles parecem animais enjaulados, querendo escapar das grades". Sim, parecem; e tal definição vem de uma pessoa habituada a frequentar estádios, inclusive longe de São Paulo. A partir de sua observação, passo a dedicar um olhar contemplativo aos bárbaros que ocupam as duas bandejas situadas a não mais que duzentos metros da outra cancha de Avellaneda, a do próprio *Rey de Copas*. Minha posição, no setor superior e perto da divisa com os visitantes, não foi uma escolha aleatória. Aprecio a oportunidade de ter, ao mesmo tempo, a visão panorâmica da *hinchada* alviceleste e um contato mais próximo com os oponentes. É um modo de equilibrar o volume do meu som estéreo da arquibancada: na condição privilegiada de ouvir bem os dois lados, posso distinguir palavras, ofensas e o ânimo de cada coletividade. Um torcedor do Independiente pendura-se na rede que impede o arremesso de objetos na direção do gramado e, apesar de repreendido, insiste em se arriscar para proclamar seu ódio. Um outro aficionado fica o tempo todo a fazer gestos de conotação sexual para os inimigos mais próximos. Um terceiro parece abstrair todo o barulho que o cerca para manter um olhar centrado em cada jogada — deve ser o tipo capaz de tecer comentários detalhados sobre os atributos técnicos do quarto-zagueiro do Chacarita e manter uma conversa sobre esquemas táticos por mais do que três minutos. O Racing bate o rival dentro de campo e, fora dele, projeto meus padrões de comportamento em estrangeiros que torcem para uma instituição que eu rejeito. Nos hábitos e vícios de cada *diablo rojo* estão as virtudes e, talvez em maior número, os defeitos que eu deixo transparecer na arquibancada. É quando me dou conta de que uma argentina presente a um Corinthians × Palmeiras me enxergaria como um animal enjaulado que quer escapar das grades.

RODRIGO BARNESCHI

VII.
2012, OUTUBRO. TOMÁS ADOLFO DUCÓ, BUENOS AIRES/ARG
FERRO CARRIL OESTE (ARG) 0 × 1 GIMNASIA Y ESGRIMA LA PLATA (ARG)

Não há, no mundo, nome de estádio mais poético que Defensores del Chaco, a principal cancha de Assunção. Porém, se o critério for beleza arquitetônica, templo algum se equipara ao Palácio Ducó, casa do Huracán, um dos tradicionais *clubes de barrio* de Buenos Aires. Sou o tipo de pessoa que, por vezes, pode não saber dizer como foi o gol que decidiu uma partida, mas, em compensação, consigo enunciar as músicas cantadas pelas torcidas. Meu olhar desloca-se facilmente do campo para a disputa barulhenta do outro lado do alambrado — e de lá não retorna tão fácil. Piso em Parque Patricios pela primeira vez para acompanhar um duelo da divisão de acesso, entre duas equipes forasteiras, e me apaixono por uma construção que bem poderia ser confundida com um monumento de séculos passados. Enquanto Ferro Carril Oeste e Gimnasia y Esgrima maltratam a bola, nem o *aliento* das *hinchadas* é capaz de me demover da obsessão por admirar e armazenar, mentalmente, cada recanto da imponente estrutura.

A fachada externa, ora remetendo a uma universidade centenária, ora a uma arena de touradas. Os grafites que, espalhados pelo bairro, complementam a paisagem. E, acima de tudo, o interior, que oscila entre o rebuscado e o decrépito. As curvas, com as letras capitulares de um lado e o tão característico *globito* (escudo da equipe) do outro. A torre central panorâmica. Os resquícios de *trapos* presos no arame farpado dos alambrados retorcidos. As cadeiras sujas e incapazes de acomodar traseiros generosos. A sincronia na disposição dos *paravalanchas* — barras de ferro colocadas no meio da arquibancada para segurar justamente o que o nome sugere, as avalanches (de gente). O plano-sequência do filme *O segredo dos seus olhos*, com Ricardo Darín e Guillermo Francella percorrendo fileiras de racinguistas. Os refletores, que parecem incapazes de dar conta da grandiosidade da cancha. A simplicidade da pintura em branco e vermelho. O Palácio Ducó é uma obra de arte, zelosa de suas imperfeições. E é o ícone pouco visitado de uma Buenos Aires que se equilibra entre a decadência e a vanguarda.

12. *LATINOAMÉRICA*

VIII.
2012, OUTUBRO. MONUMENTAL, BUENOS AIRES/ARG
RIVER PLATE (ARG) 2 × 2 BOCA JUNIORS (ARG)

Um enorme porco inflável permanece quase o tempo todo posicionado em frente à tribuna visitante do Monumental de Núñez. Cortesia da torcida (e do clube) mandante para receber os aficionados que vêm do sul da capital. A resposta é dada com a presença dos fantasmas da B e por objetos atirados contra o provocativo suíno — ou pior, em direção aos *millonarios* dos anéis inferiores. Após o lapso da temporada 2011/2012, com o River Plate relegado à segunda divisão, o reencontro com o Boca Juniors tem ingressos a preços estratosféricos e disposição mútua para proclamar o ódio que ficou dormente. O River abre 2 a 0, mas o Boca desconta e, numa jogada bizarra, consegue o empate, aos 47 minutos da etapa final. É a senha para seus torcedores externarem o que pensam dos donos da casa com elevado grau de insanidade. Alguns tiram as calças e mostram as nádegas diante de milhares de espectadores. Assentos plásticos são arrancados e atirados em direção à tribuna vizinha. Uma vez do lado de cá, voltam para lá com o mesmo vigor. Os poucos policiais não esboçam reação e o escambo não tem fim. La 12 celebra o empate e faz questão de rememorar o descenso do rival. Na tribuna oposta, Los Borrachos del Tablón entoam a epopeia forasteira rumo a territórios hostis: *"Vos sos vigilante[5]/esa es la verdad/venís custodiado/al Monumental/los pibes de River/a la Boca van/todos caminando/sin la Federal"*. Como é praxe na Argentina, os forasteiros deixam a cancha primeiro e se dispersam, enquanto a multidão local fica retida por quase uma hora. Foi a última retenção de mandantes após um Superclássico. Com a imposição de torcida única em todo o país no ano seguinte, nunca mais a tribuna visitante do Monumental pôde ser ocupada pelas camisas azuis e amarelas da instituição mais popular do país.

---

[5] *Vigilante*, na gíria argentina, é um termo comumente utilizado para se referir a policiais. Entre as torcidas, usa-se como provocação a rivais cujas barras teriam proteção das forças de segurança e, com isso, estariam fugindo de confrontos.

IX.
2013, ABRIL. ARQUITECTO RICARDO ETCHEVERRY, BUENOS AIRES/ARG
FERRO CARRIL OESTE (ARG) 0 × 2 DEFENSA Y JUSTICIA (ARG)

Invasões forasteiras costumam adquirir contornos épicos, com o acréscimo de mais torcedores a cada novo relato. Nos países de língua espanhola, a façanha de seguir, em massa, a uma cancha distante é definida como *copar*. É muito fácil encontrar músicas proclamando a invasão a um estádio rival e, por vezes, isso importa mais do que o resultado esportivo. Em Caballito, bem no centro geográfico de Buenos Aires, ouve-se, a todo tempo, a narrativa da invasão do Maracanã pela torcida do Ferro Carril Oeste, em 1985: "*La alegría de este barrio, nunca la voy a olvidar/ cruzamos la Cordillera y copamos el Maracaná*". Enquanto o time da casa é facilmente superado em mais um encontro sofrível pela segunda divisão nacional, há quem mantenha a pose na arquibancada. Os mais velhos, em especial, demonstram enorme apego às glórias da década de 1980, período em que o Ferro foi bicampeão argentino e acumulou três vice-campeonatos. A desgastada arquibancada de madeira atrás de um dos gols é testemunha daquela época, e mesmo os jovens que puxam os gritos de guerra demonstram orgulho da noite em que seus pais e tios teriam se sentido em casa no Rio de Janeiro. A música, entoada a todo tempo, é contagiante, mas talvez não resista a um exame mais cuidadoso. Afinal, o Ferro efetivamente visitou o estádio Mário Filho para enfrentar o Fluminense pela Libertadores de 1985, porém, com o time carioca já eliminado, míseros 1.354 torcedores pagaram ingresso para ver o jogo. Não há registros que deem conta de mostrar a *hinchada* argentina na arquibancada, mas a quantidade de estrangeiros certamente não foi tão grande quanto o que se canta. Confrontados com essa informação, os torcedores menosprezam a evidência. Quando se trata de *copar* o Maracanã, vigora a máxima que define *O homem que matou o facínora*, clássico faroeste de John Ford: "Aqui é o Oeste, senhor! Quando a lenda se torna fato, publica-se a lenda".

12. *LATINOAMÉRICA*

X.
2014, ABRIL. NACIONAL, SANTIAGO/CHI
UNIVERSIDAD DE CHILE (CHI) 0 × 2 CRUZEIRO

Deveria ser uma terça-feira qualquer nas imediações do estádio Nacional de Santiago, mas acaba não sendo. Ao me aproximar, nem preciso procurar a bilheteria. Centenas de pessoas engalfinham-se em torno dos guichês e penduram-se nas grades que delimitam a fila. Há uma cabine destinada à venda de entradas para o confronto da Libertadores, mas a multidão só quer saber do clássico do domingo seguinte, contra o Colo-Colo. Eu quero garantir presença no duelo continental — já que não ficaria em Santiago até o fim de semana —, mas é preciso avançar entre centenas de pessoas para, enfim, me aproximar do guichê exclusivo. Procuro manter um tom de voz baixo ao pedir um ingresso. O bilheteiro devolve: *"Necesitas presentar el* RUT*"*. *"*RUT?*"* O vizinho de fila percebe o desacerto e me pergunta: *"¿Brasileño?"*. Não quero despertar ainda mais atenção e respondo, perto do ouvido do sujeito: *"Sí, pero odio al Cruzeiro. Soy de San Pablo, estoy aquí de vacaciones y quiero ver el partido"*. Desconfiado, ele explica que o RUT é o documento de identificação dos chilenos. O sujeito escondido no guichê me diz que não vou poder entrar se eu não tiver o tal número. Agradeço ao rapaz que tentou me ajudar e me desvencilho do ajuntamento. Sabendo que a exigência do RUT é incontornável, um cambista se aproxima e me oferece uma entrada para o setor visitante. Agradeço, mas digo que não me interessa. *"Pero usted es de Brasil y Cruzeiro es de Brasil..."* Prefiro não seguir adiante com a conversa e resolvo fazer uma última tentativa no dia do jogo. Chego cedo e, em todas as conversas com cambistas, recebo a mesma proposta indecorosa: entradas para o setor do Cruzeiro. Ao final, já quase cedendo, um desses sujeitos arruma um ingresso para a Tribuna Andes, inflacionado em "apenas" 100%. Pronto, passaporte garantido para mais uma cancha histórica.

13. MEUS CAROS AMIGOS
PITUAÇU, SALVADOR, 2011

> *Te voglio bene assaje*
> *Ma tanto, tanto bene, sai*
> *È una catena ormai*
> *Che scioglie il sangue dint'e vene, sai*
>
> Refrão de "Caruso",
> escrita e interpretada
> por Lucio Dalla

Sandro Mohicano submerge no Golfo de Nápoles, nada entre estátuas romanas esquecidas no fundo do mar e retorna para a superfície. Seus amigos estão em um píer de pedras, ponto de encontro e bebedeiras. No meio de uma conversa casual, ele menciona a mulher com quem está saindo. Um dos amigos aproveita a coincidência com a música que toca no rádio e puxa o coro: *"Te voglio bene assaje/Ma tanto, tanto bene, sai"* (em português, algo como "te quero muito bem/ mas tão, tão bem, sabe?"). O alvo da brincadeira abre um sorriso largo e canta junto.

Mohicano é o protagonista de *Ultras* (2020), produção da Netflix que busca retratar o submundo dos fanáticos torcedores italianos. O filme não é exatamente um primor, mas tem meia dúzia de ótimas cenas, personagens interessantes e, ao menos, um aspecto geral merecedor de elogios: a atmosfera de amizade entre os membros da velha guarda dos ultras napolitanos. A produção esbanja verossimilhança ao capturar os laços fraternais entre pessoas reunidas pelo amor a uma mesma camisa.

O líder da velha guarda aparenta ter cerca de cinquenta anos. Seus amigos, idem. São todos sujeitos de meia-idade (ou mais que isso): cabelos brancos, barrigas salientes, vidas maltratadas. São homens de profissões duvidosas, dentes descuidados e vivências tortuosas; unidos, essencialmente, pela paixão incondicional a uma instituição, o SSC Napoli. Vem daí a camaradagem entre tipos que, mesmo velhos e desesperançados, se portam como adolescentes. O *"te voglio bene assaje"*, entoado para Sandro, não difere em nada de um singelo "tá namorando/tá namorando" repetido por jovens imaturos ao descobrirem que um amigo está apaixonado.

Pare e pense em suas mais longevas amizades. Se você frequenta estádios de futebol com regularidade, sua lista estará inevitavelmente repleta de nomes que vieram da arquibancada. Não necessariamente tem a ver com a quantidade de tempo passado nesse ambiente, mas com a intensidade das experiências.

Ao comemorar um gol no último minuto com outra pessoa, você passa a conhecê-la talvez até melhor do que seus parentes mais íntimos. O êxtase de um triunfo fora de casa é revelador de traços da personalidade que somente podem ser ativados por uma descarga de emoção súbita. A mesma coisa para uma derrota inesperada, que te coloca em contato com limites e fragilidades de indivíduos que só no estádio conseguem extravasar seus sentimentos.

Os amigos de mais longa data ainda presentes na minha vida eu conheci, acredite, dentro de um ônibus urbano. Ali pelo fim da adolescência, minha locomoção até o Palestra Itália dependia de uma dessas linhas: 478P (Sacomã-Pompeia), 407M (Vila Monumento-Vila Madalena), 874T (Ipiranga-Lapa) ou 875H (Lapa-Metrô Vila Mariana). Foi nas últimas fileiras de cada um desses coletivos que conheci gente como o Fernando Galuppo, o Luiz Romani (que viria a se tornar meu cunhado), o Zoinho, o Lopes e o Maníaco, entre outros.

Vieram depois os que assistiam (e ainda assistem) aos jogos ao meu lado no Palestra, da grade de acesso logo abaixo da Mancha Verde, de frente para o círculo central, até os últimos degraus da seção 116B do Gol Norte, onde nos posicionamos atualmente. Os irmãos Pacifico (Giovanni e Luigi), os Druziani (Guto e Marcel), Daniel Patriarcha, Danilo Fernandez, Bill, Fernando Bulgarelli, Mayara Bertani. Muitos outros círculos de amizade formaram-se paralelamente, e, por uma questão de espaço, é mais prudente fazer as citações nos agradecimentos finais.

Antes de seguir até Salvador, vale nova menção ao Dissidenti. São dezenas de indivíduos que se conheceram em viagens para seguir o Palmeiras e terminaram por solidificar não só um grupo de torcedores, mas relações que transcendem a arquibancada. Os mais assíduos fora de casa aparecem, vez ou outra, no decorrer desta obra.

Três deles me acompanham em um fim de semana de futebol, praias e bebedeiras na capital baiana, em novembro de 2011. São eles: Felipe Giocondo, o Gina; Marco Bressan, o Teo; e Rogério Barberi, o Barbi. Todos, inclusive eu, com as respectivas companheiras. Dois deles seriam meus padrinhos de casamento pouco mais de um ano depois.

O Palmeiras de 2011 não inspira confiança alguma, acumulando frustrações durante toda a temporada e chegando às últimas rodadas do Brasileirão correndo risco moderado de rebaixamento. Não que fosse uma situação desesperadora, mas, passado o duelo em Salvador, a programação aponta clássicos contra São Paulo e Corinthians. Por isso, a viagem para o Nordeste se dá em clima de relativa apreensão: os três pontos configuram-se vitais, inclusive porque o Bahia também luta contra o fantasma do descenso.

Era outro o cenário que esperávamos encontrar quando compramos as passagens aéreas para esta rodada, a 36ª. Não que houvesse esperança de título, mas tínhamos a expectativa de, ao menos, brigar por uma vaga na Libertadores ou, vá lá, poder ir a campo apenas para cumprir tabela. De um jeito ou de outro, o fim de semana na Boa Terra teria sido mais tranquilo.

Direto ao que interessa: jogando diante das imponentes tribunas do estádio de Pituaçu, o Palmeiras bate o Bahia por 2 a 0, com um gol em cada tempo, e livra-se de qualquer risco nas duas rodadas finais. Na saída, o alívio por expurgar uma temporada esquecível mistura-se com a pressa para, contando com a sempre providencial carona do "soteropaulistano" Sandro Cabral, tomar o rumo do aeroporto.

Um ponto positivo — mais um — do Pituaçu: não é tão central quanto a Fonte Nova, mas está longe do desafio logístico representado pelo Barradão, casa do Vitória. Além disso, oferece, para quem é de fora, a vantagem de ficar à beira da Paralela, principal via de acesso até o terminal aeroportuário.

Nas 48 horas anteriores, tivemos de tudo um pouco na capital baiana: moquecas e acarajés, Pelourinho e Praia do Forte, jantares prolongados e lanches rápidos, Cidade Baixa e centro histórico, Yemanjá e Bonfim, botecos e igrejas. E cerveja, muita cerveja, tudo regado a boas conversas — e amizades que só fizeram crescer.

E se guardo boas lembranças de um fim de semana de novembro de 2011, em Salvador, não é por tudo o que está no parágrafo anterior, mas essencialmente porque, na noite do domingo, tivemos êxito ao depositar nossa chance de felicidade nos pés de onze sujeitos nada confiáveis. Tal é o nível de insanidade de quem associa tudo, na vida, aos resultados esportivos: se o time não tivesse vencido, as 48 horas anteriores provavelmente teriam sido contaminadas, em nossa lembrança, por amargor e ressentimento; talvez até culpa.

A exemplo de Sandro Mohicano e seus amigos napolitanos, um dia seremos também da velha guarda — se é que já não somos... Dado que a velhice e os cabelos brancos são inevitáveis, torcemos para conservar a mesma camaradagem, como se jovens ainda fôssemos. Se não for pedir muito, com barrigas não tão salientes, dentes preservados e vidas não tão despedaçadas.

14. HONREM ESSA HISTÓRIA
PACAEMBU, SÃO PAULO, 2011

Campeonato Brasileiro de 2011, última rodada. Ao Corinthians, com 70 pontos, basta um empate no derradeiro dérbi do ano para assegurar o título nacional. Para impedir a festa alvinegra, resta ao Palmeiras (49 pontos) vencer e torcer pelo Vasco (68 pontos), que enfrenta o Flamengo. De seis combinações possíveis nos dois clássicos, apenas uma serve. De quebra, a disparidade na pontuação reflete o abismo técnico entre os rivais.

Mandante, o Corinthians segue o procedimento iniciado dois anos antes e cede 1.800 ingressos aos visitantes, no acanhado setor lilás do Pacaembu. O torcedor mais racional e menos combativo enxerga as entradas como um estorvo, um passaporte para a quase inevitável comemoração do arquirrival. Ele tem razão.

Os interessados teriam de comparecer dias antes a um guichê físico para garantir acesso ao Pacaembu, no preguiçoso horário das dez às dezessete horas — nunca ocorreu aos organizadores a incompatibilidade com o horário comercial. O torcedor mais racional e menos combativo não consegue conceber tamanho sacrifício. Ele tem razão.

No dia do encontro, por questão de segurança, os portadores de cada bilhete teriam de caminhar nove quilômetros, entre ida e volta, para chegar ao estádio municipal evitando encontros com os mais de 35 mil alvinegros. O torcedor mais racional e menos combativo não consegue sequer imaginar tamanha loucura. Ele tem razão.

Ocorre que a razão é um elemento quase desprezível no comportamento da parte mais devotada da torcida, e combatividade é o que mais se vê quando se trata da rivalidade que opõe Corinthians e Palmeiras. Por isso, os poucos ingressos esgotam-se rapidamente nas bilheterias do estádio Palestra Itália, à época em reforma, e 1.800 abnegados começam a preparar o espírito para a batalha de alguns dias depois.

Mas, afinal, que batalha seria essa?

A coletividade alviverde, composta basicamente por seus (e suas) integrantes mais extremistas, responde à pergunta, naquele domingo, com uma sequência de vinte pequenas faixas que, agrupadas, compõem um improvisado mosaico.

Tais adereços aludem aos anos mais esmeraldinos da história do dérbi, de 1917 a 2000. Com letra verde sobre fundo branco, estão lá como lembrete aos adversários de situações em que o alvinegro sucumbiu diante do maior rival. São, também, uma carta de princípios, como marcos que posicionam o pequeno grupo na trincheira oposta à da multidão, prestes a ser campeã uma vez mais.

São, por fim, a comprovação do quanto os torcedores, em sua maioria de torcidas organizadas, estão calejados por anos de repressão. A mensagem *Honrem essa história* forma-se a partir de faixas individuais, cada qual contendo uma letra. Entram escondidas, por baixo de calças e camisas, e lá dentro se agrupam para ter um significado. Assim ocorre por uma necessidade de driblar a criatividade da Polícia Militar na imposição de normas para restringir o acesso de materiais.

Os corintianos bem que poderiam ostentar suas próprias faixas simbolizando os triunfos alvinegros no confronto direto, mas o que está em disputa, na tarde de domingo, é menos a necessidade de se alimentar de um passado glorioso do que a possibilidade de levar para o Parque São Jorge mais um título brasileiro, o quinto.

É um Corinthians vivendo intensamente o presente, contra um Palmeiras apegando-se desesperadamente ao passado. Se os alvinegros têm muito a perder no intervalo de noventa minutos, os palmeirenses vão de peito aberto, ansiosos por um milagre, ao mesmo tempo que resignados com a provável festa a que teriam de assistir.

O domingo ensolarado começa com uma perda gigantesca: a morte de Sócrates, o Doutor, figura icônica do futebol brasileiro e ídolo corintiano. Tão grande é a comoção que, na parte da manhã, é quase palpável a consternação nas ruas da Pompeia, por vezes beirando o constrangimento, como se a batalha a ser travada poucas horas depois tivesse ficado desimportante diante da notícia.

Mas é preciso seguir em frente, e os palmeirenses vão se reunindo pouco antes do meio-dia em frente ao portão principal da sede social e nas ruas próximas. Aos portadores de ingresso, juntam-se os que vão assistir à decisão nos bares da região, e o clima é quase festivo. Os torcedores almoçam, preparam o espírito e vivem a expectativa de uma tarde que poderia ser redentora.

Muitos se alimentam da conclamação feita durante a semana por Raphael Falavigna, o Seo Cruz, à época blogueiro influente entre os palestrinos: "Vistamos o mesmo manto verde daqui até domingo; entremos no Pacaembu fedidos, bem alimentados, com mancha de molho na camisa; eles tremerão". Macarrão não falta nos bares e restaurantes espalhados por Perdizes, Pompeia e redondezas.

Com o duelo programado para as 17h, faz-se o acerto com os comandantes do 2º Batalhão de Choque: saída da rua Turiassu às 14h30. A combinação logo se espalha, as viaturas policiais posicionam-se na esquina com a avenida Antártica, os agrupamentos de bairros e subsedes vão ficando mais evidentes. Despedem-se, os guerreiros, de quem fica.

Sim, guerreiros. Por mais desgastado que seja o termo, há toda uma simbologia bélica envolvendo o deslocamento de um estádio a outro.

14. HONREM ESSA HISTÓRIA

A sensação de seguir em caminhada do Palestra Itália ao Pacaembu (ou entre quaisquer outras casas de rivais mundo afora) é a de um lutador que abandona o conforto de seu lar para encarar o inimigo em território hostil. A própria constituição do agrupamento, em bloco único, e as passadas largas ecoam o marchar de um pequeno exército.

A despedida dos que ficam é repleta de sentimentalismo, abraços calorosos e discurso ufanista: "Vá lá e traga os três pontos", "Obrigado por me representar", "Não volte sem a vitória".

Viaturas e motos dos policiais tomam a frente da multidão que, muito rapidamente, ocupa as quatro faixas da arborizada avenida Sumaré. São 1.800 torcedores, mas se tem a impressão de haver mais gente — é sempre assim para quem faz parte da caminhada. Olha-se para a frente, para os lados e para trás, e tudo o que se enxerga são pessoas vestindo as mesmas cores.

No percurso definido pelas autoridades, quatro quilômetros e meio separam os dois estádios: primeiro, pela avenida Sumaré, tão ampla quanto pouco movimentada, e, depois, por ruas estreitas, arborizadas e quase desertas, entre o Cemitério do Araçá e as mansões do bairro do Pacaembu. É um trajeto dos mais tranquilos, em meio a uma vizinhança pacata, sem cruzamentos com outras vias arteriais e sem pontos de aglomeração.

Dois são os sons da caminhada: as sirenes das viaturas policiais e a sinfonia ritmada de 3.600 pés que pisam o chão em ritmo acelerado. Quando muito, a trilha sonora é interrompida por gritos de moradores de um prédio distante, que apreciam, de suas varandas, o movimento. Alguns são de incentivo. Outros refletem o temor provocado pela passagem do pequeno exército: ainda que protegidos pela distância e pelas autoridades, os oponentes preferem o anonimato, gritando de alguma janela no emaranhado de edifícios, escondidos, sem mostrar a cara.

Não há como ficar indiferente. Com o tráfego interrompido, motoristas lançam olhares que oscilam entre incredulidade, encanto e medo. Pedestres ou frequentadores de estabelecimentos próximos procuram manter distância, mas fazem questão de observar o ajuntamento. Há os que querem registrar tudo com fotos ou vídeos, mas a maioria mantém um olhar atônito em direção ao bando que passa de forma apressada.

A caminhada leva cerca de uma hora, entre trechos onde se avança a passos largos, quase um trote, e outros em que a escolta policial segura o comboio para reagrupamento. São poucos minutos, o suficiente para desafogar a bexiga em plena rua ou correr até estabelecimentos comerciais próximos, em busca dos líquidos mais diversos.

O trabalho do 2º Batalhão de Choque é adequado em termos de isolamento da área, permitindo que as 1.800 almas se aproximem do setor visitante do Pacaembu quase sem travar contato com os 35 mil rivais. A exceção se dá na esquina final, uma curva sinuosa à esquerda para acessar a rua Angatuba e descer em direção ao estádio.

Ali, não mais do que setenta metros separam os dois grupos: uma janela de oportunidade de pouquíssimos segundos, inteiramente dedicados a xingamentos mútuos. De um lado, os andarilhos avançam sob apressada escolta; de outro, os alvinegros descem a pirambeira da Major Natanael. Pode-se dizer que os impropérios têm caráter quase recreativo.

O que se tem, a seguir, é uma ladeira íngreme e sinuosa, até desembocar no isolado setor visitante. A recepção no declive derradeiro costuma variar (adesivos grudados em postes e pichações nos muros são recorrentes), mas a daquela tarde é caprichada: o óleo diesel despejado nos paralelepípedos durante a madrugada transforma os últimos metros em um teste final de resistência. Mas, dado que os andarilhos esperam ser mal recebidos, os escorregões atestam que tudo vai bem com a rivalidade. Óleo diesel na ladeira: por que não pensamos nisso antes?

Enfim, Pacaembu. O setor lilás é um enclave entre as cadeiras numeradas e o popular tobogã. As metas ficam à esquerda, fora do campo de visão: o gol do lado oposto, o do portão principal que dá para a praça Charles Miller, é quase um borrão. Com o tobogã esparramado bem à frente, o olhar inevitavelmente se esgueira entre fileiras inimigas.

A exemplo de todas as tardes em que foram ao estádio municipal com carga de ingressos limitada a 5% da capacidade total, os palmeirenses passam o tempo todo trocando ofensas com os rivais, que contam os segundos para comemorar o título nacional. Os forasteiros empurram, por extenuantes noventa minutos, um amontoado de atletas que capengou o ano todo.

O empate sem gols serve ao arquirrival, que nem precisa esperar o apito final no Pacaembu para festejar: consumada a igualdade do Maracanã entre Flamengo e Vasco, o título está garantido.

Para alívio dos visitantes, a cerimônia de entrega do troféu leva à inversão da ordem de saída: o fim do jogo sinaliza a debandada dos alviverdes a passos ainda mais largos do que na ida, mesmo no enfrentamento, agora ascendente, de uma ladeira escorregadia.

Sem cantoria ou motivo para muito falatório, a trilha sonora do regresso mistura os fogos de artifício que espocam no céu da zona oeste, a fricção da borracha dos tênis de cada torcedor com o asfalto e um buzinaço algo distante e esparso, de corintianos que deixam o estádio ou dos que já estavam fora dele.

Mas nem só tristeza se nota no semblante de cada um dos 1.800 guerreiros. Há, também, o orgulho, algo contido, de quem acaba de cumprir uma missão indesejável. A maioria, como que retornando com a vitória, segue em postura triunfal — pois, ao menos, com a honra intacta.

O fotógrafo Gabriel Uchida, do projeto FotoTorcida, define bem o estado de espírito dos que cumpriram a jornada:

> Um pequeno, mas poderoso exército que marchou até as terras inimigas mesmo sabendo que estaria cercado, em minoria e que os louros da vitória estavam nas mãos do inimigo. Guerreiros que marcharam de cabeça erguida pela honra de um clube e de seu povo. (...) Os palestrinos que entregaram corpo, alma e coração no Pacaembu não são campeões, mas entraram para a história. Mais do que este elenco capenga, eles serão eternamente lembrados como os guerreiros da batalha final de 2011, os mártires que lutaram por uma nação inteira.

O palmeirense mais racional e menos combativo sempre teve razão. E, por ter razão, desliga a TV, põe-se a pensar no sabor da pizza que comerá no jantar e passa a noite lamentando o título do inimigo.

O palmeirense que lutou desde a hora de conseguir seu ingresso e passou o dia longe de casa deixa o estádio municipal de cabeça erguida, trazendo de volta a sensação de encarar o inimigo e lutar bravamente para honrar a camisa. Ele não tem razão. E nem faz questão de ter.

15. ETERNA DESPEDIDA
OLÍMPICO, PORTO ALEGRE, 2012

Casa do Grêmio por quase sessenta anos, o Olímpico Monumental habita o imaginário coletivo no mesmo panteão de outros estádios sul-americanos com nomenclatura imponente: Defensores del Chaco, Libertadores de América, Centenário, Nacional e por aí vai. É como se todos os jogos ali disputados tivessem sido decisivos, épicos ou aguerridos. Não à toa, sua imagem mais emblemática não é a de um gol, mas sim do sangue que escorre pelo rosto de um zagueiro uruguaio a erguer, com serenidade e plena consciência do tamanho de seu gesto, o troféu mais importante do continente.

O Olímpico desperta sentimentos fortes não só entre gaúchos, mas também em torcedores de outros estados. O Grêmio de meados da década de 1990 fez com que os paulistas passassem a encarar duelos em Porto Alegre como batalhas primitivas, diante de um adversário que se portava como se tivesse nascido às margens do rio da Prata.

Para um palmeirense, foi o estádio em que os esquadrões daquele período sofreram para arrancar resultados favoráveis. A garra do tricolor gaúcho parecia se sobressair em momentos agudos, com o alviverde sucumbindo em quatro ocasiões (Copas do Brasil de 1993 e 1995; Libertadores de 1995; e Brasileiro de 1996) e triunfando uma única vez (Copa do Brasil de 1996). Ainda que o equilíbrio fosse prevalente, com três vitórias para cada lado e quatro empates, a mística do Olímpico sempre pareceu ter atuado de maneira decisiva.

Mas decidiu o Grêmio que era o caso de abandonar a velha casa do bairro Azenha para erguer uma bem maior, no extremo norte de Porto Alegre. Ao contrário do ocorrido com o Parque Antarctica, reconstruído no mesmo terreno e com entorno preservado, os gremistas trocaram o campo histórico e o vínculo com a região do Olímpico por um território distante. E o triênio de 2010 a 2012 foi de contagem regressiva: com as obras em ritmo acelerado, aproximava-se a hora de dizer adeus.

A despedida de um estádio é um evento repleto de simbolismos. Cada pedaço de concreto derrubado leva junto histórias, lágrimas e explosões de gol; cada vergalhão enferrujado é testemunha de tardes e noites gloriosas; e o alambrado retorcido transporta as digitais de quem a ele se agarrou para cantar, gritar ou se desesperar. Se preservados, assentos, bancos e cadeiras viram peças de museus particulares, registros da história que escapou dos escombros.

A quatro anos da Copa do Mundo no Brasil, 2010 foi repleto de despedidas de grandes templos, ainda que nem todos tenham recebido as devidas homenagens. O Mineirão despediu-se sem cerimônia, o Maracanã disse adeus como se destinado a reforma casual, e a demolição da Fonte Nova aconteceu após três anos de abandono. Em São Paulo, o antigo Parque Antarctica foi derrubado aos poucos, para retornar completamente remodelado quatro anos depois.

Ao final dos últimos noventa minutos daquele Palestra, eu tive de ser retirado de lá à força. Não queria aceitar a realidade de não mais pisar no cimento onde fui feliz e sofri mais de quatrocentas vezes. Por ser sócio do clube e com o campo fazendo parte do conjunto social, tinha o hábito de correr na arquibancada, medindo a distância com base nos degraus percorridos. Ainda hoje não contenho as lágrimas ao ver imagens da demolição.

RODRIGO BARNESCHI

Vítima do meu saudosismo, passei a encarar o fechamento de cada estádio como um rito de passagem, me impondo a obrigação de, ao menos, uma última visita. Foi assim com o Olímpico, em um circuito de despedidas que começou em setembro de 2010 e só se encerrou três jogos depois, em junho de 2012.

A primeira delas veio no embalo do início das obras da Arena do Grêmio. Já lamentando que o Olímpico deixaria de existir, arrumei uma folga de última hora no trabalho, comprei passagens aéreas para o dia seguinte e fui a Porto Alegre buscar uma vitória por 2 a 1. Um ano depois, o empate em dois gols teve cara de encontro derradeiro. Mas 2012 chegou, e a tabela do Brasileirão agendou o duelo em Porto Alegre para a segunda rodada, em maio. A derrota por 1 a 0 tampouco foi a última visita: já estava definido que, em poucas semanas, Grêmio e Palmeiras dariam adeus ao Olímpico em uma semifinal de Copa do Brasil.

O dia é 13 de junho de 2012. Jogo de ida. Um Grêmio sólido contra um Palmeiras nada confiável. Invertendo os treinadores de meados da década de 1990, Felipão comanda o alviverde e Luxemburgo, o tricolor. São 43.508 pagantes, sendo dois mil os viajantes que, horas antes, pareciam estar por todos os cantos, em hotéis, restaurantes e bares da capital gaúcha.

Existia, não só de minha parte, uma combinação de ingredientes que ampliava a expectativa: a decisão em si, o temor de um resultado desfavorável que poderia acabar com o sonho do título, o reencontro com o atacante que havia traído nossa confiança um ano antes e a certeza de que seria a última noite no Olímpico Monumental.

A uma certa distância, observo as torres de iluminação acesas. Refletores acionados em um estádio são o sinal mais visível de que algo grandioso está por acontecer. Vê-se a luz quebrando a escuridão da noite, a fumaça que sobe dos ambulantes ao redor, as nuvens de insetos que gravitam em torno da claridade. Sempre foi, para mim, uma visão romântica. Chegamos, pensava eu; é aqui que será travada a batalha.

Enquanto caminho em direção ao Olímpico, o verde predominante em nossos pontos de concentração vai esmaecendo, substituído pelo azul que se sobressai nos trajes tricolores. O clima é amigável, podemos até parar pelo caminho em busca de uma Polar, mas rapidamente seguimos em frente, passos largos e decididos rumo ao portão 20 e à aglomeração que delimita nosso espaço. Os primeiros gritos ecoam do interior, e um "olê, Porcô!" é sufocado pela massa que canta mais alto. É a senha para girar a catraca.

Jogo duro, disputado, arrastado. O Grêmio talvez não tenha feito o suficiente para merecer a vitória, mas o Palmeiras faz menos ainda. No entanto, por um desses caprichos que só o futebol permite, a equipe paulista encontra dois gols em contra-ataques nos minutos finais e regressa de Porto Alegre com um 2 a 0 praticamente irreversível.

A explosão do primeiro gol é de uma selvageria incomum. De onde estou, na parte baixa, quase no muro que nos separa do fosso, a visão é coberta por placas de publicidade, gruas da emissora de TV, repórteres, fotógrafos e uma ambulância. Só tenho certeza do gol ao ser soterrado por uma avalanche involuntária.

O segundo gol, ainda mais difícil de visualizar, é assimilado a partir da comemoração dos jogadores reservas que se aquecem atrás da meta. Explosão e avalanche, de novo. Abraços, uns caem por cima dos outros, há quem fique estirado no chão, os braços erguidos em direção ao céu. Um rasgo enorme abre-se no joelho da calça, que, devidamente costurada, me acompanha até hoje em confrontos decisivos.

Um dia, imagino, o Lorenzo e o Nicolas vão querer saber qual é o campo que aparece, nas imagens de outrora, como palco de grandes duelos contra o Grêmio. E aí, com prazer, eu poderei contar que havia, no centro de Porto Alegre, um estádio memorável — e que lá eu vivi um dos melhores momentos da minha vida.

E, ainda que a Arena do Grêmio seja mais humana e calorosa do que a média das novas arenas, quero crer que os gremistas mais longevos e apegados à tradição não conseguem se esquecer do velho Olímpico Monumental. Principalmente porque, tantos anos depois, o estádio encontra-se abandonado, às voltas com entraves burocráticos. Vivendo uma eterna despedida, é um gigante insepulto no coração da metrópole, testemunha da história e dos amores de gremistas e de forasteiros.

RODRIGO BARNESCHI

16. 433 DIAS DEPOIS...
COUTO PEREIRA, CURITIBA, 2011-2012

Maio de 2011. Jogo de ida das quartas de final da Copa do Brasil. Um impiedoso Coritiba massacra o Palmeiras: 6 a 0. Dali, o time paranaense segue em frente até sucumbir, na decisão, diante do Vasco.

Julho de 2012. Jogo de volta da final da Copa do Brasil. Com um plantel esfacelado, o Palmeiras retorna ao palco da goleada sofrida um ano antes em busca de um título improvável.

São 5h15 da manhã no saguão de um hotel no centro de Curitiba. O táxi que vai nos levar ao aeroporto está a postos, o motor ligado, os faróis cortando a névoa da madrugada. Pequenas gotículas na porta automática que dá para a rua denunciam o frio exterior. Impaciente, atordoado e eternamente incapaz de lidar com atrasos, ando de um lado para o outro, entre sofás, mesas e o balcão da recepção.

Olho incessantemente para o visor eletrônico do elevador social, à espera dos retardatários: 4, 3, 2, 1, T. São eles.

"Cadê o Barberi?", pergunto aos que acabam de descer, tão logo a porta do elevador se abre.

A resposta vem de seu companheiro de quarto, o inesquecível Adriano Pessini: "O Barberi não vem. Ele não tem condições".

"Como assim 'o Barberi não tem condições'?", retruco, entre receoso com o horário do voo e preocupado com o estado do nosso amigo.

Subimos para resgatar o Barberi, que, a exemplo de todos os demais, efetivamente não tinha a menor condição de nada.

Poucas horas antes, espalhados pelas três bandejas do setor visitante do Couto Pereira, testemunhamos um massacre inapelável, o maior já sofrido pelo Palmeiras em toda a sua história. Aquele 6 a 0 aplicado pelo Coritiba fez a quase certa eliminação da Copa do Brasil virar algo irrelevante diante do vexame.

A humilhação nos acompanhou em cada passo hesitante desde a saída do estádio. A descida das escadas, o corredor que passa entre as casas para finalmente chegar à rua de acesso, a caminhada até encontrar a van. O jantar em clima fúnebre no Madalosso, a troca de olhares atravessados com torcedores coxas-brancas, a dispersão dos que imaginavam uma noite de bebedeira na capital paranaense.

Depois de tudo o que aconteceu e de mal dormirmos, ninguém tem condições de seguir em frente. Mas um voo bem cedo nos aguarda e é preciso retornar para São Paulo a tempo de passar o dia se arrastando no trabalho, entre copos de café e latas de energético. E, sabe-se lá como, demos conta de colocar o Barberi em condições de seguir conosco em direção ao aeroporto Afonso Pena.

Uma vez lá, acabrunhados e encolhidos, a vontade de cada um é se esconder, evitar contato com qualquer ser humano e, assim que possível, encostar a cabeça na janela do avião, enfiar o boné na cara e lutar por uns quarenta minutos de sono. Menos o Barberi, que não apenas reúne condições, como também o faz vestindo verde da cabeça aos pés: gorro, camisa, jaqueta e calça, a indumentária completa. E o faz por opção, para demonstrar o orgulho de ser palestrino, mesmo diante da tragédia.

Herói de verde em meio a um grupo que quase se esconde atrás de casacos e bonés discretos, Barberi atrai para si todos os olhares, permitindo aos demais que vaguem a esmo entre os portões de embarque do Afonso Pena, quando muito buscando um café ruim a preço extorsivo.

Começo a resgatar, na memória, cada detalhe da derrota sofrida no Alto da Glória e, tão aturdido quanto com sede de vingança, passo a escrever mentalmente o post que publicaria no blog horas depois: "Os gritos que vinham do outro lado ficaram sem resposta; não tínhamos o que dizer. O estádio inteiro parecia dirigir olhares lancinantes para os que ali estávamos como visitantes. A alma alviverde foi ferida".

Sim, os gritos do outro lado ficaram sem resposta. A vitória por 2 a 0 no Pacaembu é inútil, e a equipe atravessa 2011 aos trancos e barrancos. Já havia sido superada nos pênaltis na semifinal do Campeonato Paulista e cumpriria campanha sofrível no Campeonato Brasileiro ao longo de 38 modorrentas rodadas.

Nada de significativo muda para 2012 — ainda sob o comando de Luiz Felipe Scolari, o plantel ganha um único reforço de peso, o argentino Hernán Barcos —, mas um arremedo de time vai avançando na Copa do Brasil: passa por Coruripe-AL e Horizonte-CE nas fases iniciais, viaja duas vezes a Curitiba para derrubar Paraná e Athletico sem sustos e supera o Grêmio na semifinal, em epopeia descrita no capítulo anterior.

Por capricho do destino, a final reserva o reencontro com o algoz de 2011 — dessa vez um Coritiba reforçado, responsável por eliminar o São Paulo na semifinal e tido pela imprensa como sensação e favorito ao título inédito. Já o Palmeiras, com o Palestra Itália em reconstrução, segue itinerante, alternando os mandos entre Pacaembu e Arena Barueri.

É em Barueri, por sinal, que os dois alviverdes entram em campo para o primeiro duelo decisivo. Ao menos naquela noite, os palmeirenses replicam, naquele estádio um tanto frio, o ambiente inflamado do velho Parque Antarctica. Mas a vitória por 2 a 0 em nada reflete o que foram os noventa minutos. O Coritiba tem atuação superior, perde gols incríveis e fica em desvantagem graças a um pênalti fortuito e a um desvio de cabeça após falta da intermediária.

Diante disso tudo, é difícil conter a ansiedade para a partida de volta, disputada 433 dias depois do 6 a 0 que dilacerou a alma palestrina.

A carga inicial de quatro mil ingressos esgota-se rapidamente e, no decorrer dos dias até a decisão, informações desencontradas dão conta da liberação de lotes excedentes. Como acontece nas grandes aglomerações, as projeções extrapolam o limite do bom senso; ainda hoje, há quem fale em oito mil ocupantes nas três bandejas do setor visitante.

Certo mesmo é que havia muita gente. Por todos os lados. Em Congonhas, em Guarulhos e no Afonso Pena. Por toda a extensão da rodovia Régis Bittencourt, nas rodoviárias, nos postos da estrada. Nos restaurantes do bairro de Santa Felicidade, na região central, em hotéis espalhados por toda a capital paranaense.

Os doze anos sem disputar uma decisão de relevo (estou desconsiderando o Paulista de 2008) eram tempo demais para quem se habituou às conquistas da década de 1990, e a arquibancada visitante do Couto Pereira é tomada por diferentes gerações: gente da velha guarda volta a encarar uma jornada fora de casa; novatos estreiam em uma decisão; os de sempre, quero crer que sem exceção, tomam seu espaço.

A torcida coxa-branca cumpre bem seu papel, exibindo um nível de confiança que parece escorado nos 6 a 0 e na superioridade técnica, demonstrada no confronto da semana anterior. É impossível ignorar o contraste com o baixíssimo nível do time titular palmeirense, esfacelado ao longo da semana e, mais um pouco, durante os noventa minutos em Curitiba. A decomposição de um plantel já questionável agrava-se com a expulsão infantil do camisa 10 em Barueri e a apendicite que, na véspera da primeira partida, tira o centroavante argentino dos dois embates.

O Coritiba joga melhor e pressiona desde o início, mas tarda mais de uma hora até superar a retranca montada por Felipão. O time paulista tem a meta vazada aos dezesseis minutos da etapa final, em cobrança de falta, e o Couto Pereira entra em estado de ebulição. Com um combalido Palmeiras arrastando-se, o segundo gol parece questão de tempo.

Mas Luiz Felipe Scolari está no banco, e a estrela do treinador brilha em momentos como esse. Sem opções no elenco, ele se vê obrigado a escalar, como centroavante, um desconhecido que foi contratado para um período de experiência. Seu nome é Betinho e, quatro minutos após o gol do Coritiba, ele desvia suavemente um cruzamento no primeiro pau e faz a bola, caprichosa, se aninhar no pé da rede. É o golpe fatal, é o gol do bicampeonato da Copa do Brasil.

De uma hora para outra, refugos viram craques, um figurante torna-se herói, Felipão é canonizado (depois de meses de questionamentos ao seu trabalho). E os palmeirenses no Couto Pereira, acostumados aos tantos fracassos de anos anteriores, não sabem direito o que fazer quando o roteiro é outro. "E agora, qual é o procedimento depois de ser campeão?"

Com o título assegurado, eu só quero encontrar o Barberi para dar nele um abraço apertado e proclamar a redenção. Não o encontro lá dentro, mas, já com a festa se estendendo para o lado de fora, pego meu celular e, olhando para as tribunas que se esvaziavam morosamente, começo a escrever o contraponto ao texto melancólico de um ano antes:

> Voltamos para responder aos gritos que ficaram sem resposta. Da arquibancada, levamos ao título um time destroçado, repleto de desfalques e inferior ao adversário. Voltamos para dar fim a uma noite que não havia terminado. Voltamos para expurgar cada um daqueles seis gols. Voltamos porque era preciso pagar a dívida que deixamos naquela cancha. Voltamos para conquistar o que é nosso.

Do lado de fora, reencontro os amigos para os abraços mais apertados em muito tempo, pra lá de década: meu irmão, Giocondo e Galuppo. Depois, Beto Douek, Sylvio e Teo. A dupla Tchack e Moacir, mais Osmar e Araga. No meio da rua, surge o Cabrerão; todo sorrisos e faixa de campeão no peito, o desafeto de Luiz Felipe Scolari grita para quem quiser ouvir: "Viva o comandante Felipão!". Aí, dobrando a esquina, um extasiado Barberi.

Ele está novamente vestido de verde da cabeça aos pés, 433 dias depois. Só que, dessa vez, ele não é o único.

16. 433 DIAS DEPOIS...

17. ADEUS A UM ÍDOLO
SÃO JANUÁRIO, RIO DE JANEIRO, 2012

Segundo tempo, o Vasco vence o Palmeiras por 3 a 1, jogo definido. O camisa 45 vem bater o escanteio bem à nossa frente. Ninguém é poupado dos xingamentos. Muito menos o atleta que havia entrado sem que ninguém tivesse notado — talvez nem ele mesmo. Cobrança pelo chão. Bola devolvida. Outro escanteio. De novo o camisa 45, que escuta os apupos sem nem cogitar olhar para trás. "Quem é esse cara?", alguém pergunta. Cobrança rasteira, uma vez mais. Bola afastada. Vergonha.

Enquanto acompanho isso tudo já sem conseguir apoiar ou xingar quem quer que fosse, me dou conta de que não havia mais de onde tirar forças. Se passei o primeiro tempo a cantar e incentivar o bando que veste nossa camisa, me sinto no dever de confessar que, atônito e sem reconhecer o gigante Palmeiras, assisto ao segundo tempo largado no alto da arquibancada de São Januário, em uma triste contemplação de um cenário de caos e desesperança.

Fora das quatro linhas, o treinador que nos levou à conquista da América é ofendido sem qualquer pudor — isso é uma constatação, não um julgamento. Mais justo seria direcionar o protesto aos débeis atletas ou aos inaptos dirigentes, mas calhou de o duelo ser em São Januário e quem está no banco de reservas à nossa frente, em um trecho próximo a uma das esquinas do campo, é logo um dos grandes da nossa história. Ele ouve tudo com um olhar perdido e reage às ofensas sem muita energia, com uma espécie de resmungo felipônico.

O tremular algo burocrático das bandeiras da torcida organizada contrasta com os gritos entoados sem qualquer distinção contra os que estão no gramado. Uma cena rotineira nesse princípio de século, mas que parece um tanto mais sofrida para os poucos dispostos a seguir viagem naquela quarta-feira — apenas 1996 almas, entre mandantes e forasteiros, pagaram ingresso para acompanhar um encontro tecnicamente deplorável.

Desde antes do apito inicial, uma ambientação lúgubre apossa-se das imediações de São Januário, usualmente uma segunda casa para os palmeirenses. Em vez do congraçamento fraternal com os vascaínos e da expectativa pelo que aconteceria no campo, predomina o temor por uma derrota que afundaria o Palmeiras em direção ao descenso.

A partida foi programada para as 22 horas, cortesia da dobradinha novela mais horário eleitoral. Os alviverdes chegam de maneira esparsa e reúnem-se timidamente, como que previamente envergonhados: do aeroporto depois de um dia de trabalho; de táxi, após parada estratégica em um bar qualquer da Lapa; de carro, após 430 quilômetros ininterruptos; de ônibus, caso da pequena e barulhenta caravana das organizadas, que chega quase ao mesmo tempo que o apito inicial.

São Januário compartilha com o antigo Palestra Itália não só a semelhança arquitetônica (construções em formato de ferradura aberta, para os respectivos clube social e piscina), mas também a padronização no espaço destinado às torcidas visitantes: nos dois estádios, os viajantes já foram alocados tanto em um enclave na curva entre arquibancada e numeradas quanto em um dos extremos da ferradura.

O diferencial da casa do Vasco era o duvidoso privilégio concedido aos forasteiros, que ficavam posicionados a poucos metros do banco de reservas do próprio time. Durante muito tempo, constituiu uma exceção à regra: os espaços destinados à comissão técnica e aos suplentes estavam posicionados não em uma das laterais do campo, como geralmente estão dispostos na maioria dos estádios, mas atrás do gol de fundo, cada qual de um lado da meta.

A crônica esportiva gasta toneladas de papel e horas preciosas dos telespectadores com enfadonhas análises táticas ou conjecturas pouco confiáveis sobre aspectos técnicos, mas ignora uma série de fatores extracampo. No caso de São Januário, tenho a convicção de que havia relação direta entre a pressão exercida pelos que acessam a arquibancada pelo portão 11 e as decisões tomadas pelo respectivo treinador.

Sim, porque o ser humano é suscetível a estímulos externos, e o estádio vascaíno era possivelmente o único do país a colocar o treinador adversário tão à vista de seus aficionados, sujeitando suas orelhas a pedidos desesperados, críticas desmedidas e ofensas atrozes.

Felipão comandou o clube paulista em uma vitória gigantesca no campo cruzmaltino, um 4 a 2 pelas oitavas de final da Copa Libertadores de 1999, mas a festa aconteceu no canto oposto, com a torcida posicionada na curva entre as cadeiras sociais e a ferradura. Treze anos depois, o cenário é bem distinto: dois meses passados desde o bicampeonato da Copa do Brasil, o mesmo grupo flerta perigosamente com o descenso e, com mais uma derrota consumada, a conta sobra para um ídolo.

Os mais afoitos ou desesperados não se aguentam na arquibancada e descem para descarregar o ódio na engordurada divisória de vidro que separa as tribunas do gramado. A Polícia Militar faz o que sabe: cacetadas, detenções, ameaças. Nada muito demorado, mas necessário para completar o roteiro. Felipão, a poucos metros de distância, sequer olha para o lado.

O treinador só deixa o banco de suplentes quando o árbitro encerra a partida. Em meio ao sofrimento de ver o Palmeiras desmoronar, meus olhos ficam com Felipão. Ele caminha vagarosamente em direção ao vestiário, do outro lado do campo. Parece saber que é o fim. Nós também. Ele passa bem no centro do meu ângulo de visão e eu o observo com carinho e pesar. O homem que veste o agasalho verde como se fosse um de nós segue em frente, em silêncio, sem olhar de volta. Adeus.

17. ADEUS A UM ÍDOLO

Dividimo-nos na saída. Há os que precisam seguir à rodoviária para embarcar em um dos ônibus da madrugada (meu caso); há os que querem curar as mágoas em algum boteco de azulejos azuis pela própria zona norte do Rio; há os que só querem chegar logo ao hotel para buscar, na cama, algum conforto.

Em um dos táxis, seguem Beto Boi e Tito Trigo, acompanhados do sempre gentil Felipe Quintans, do Bar Madrid. Torcedor do América carioca e, portanto, profundo conhecedor da arte de sofrer por uma agremiação, o anfitrião tijucano esforça-se para consolar os palmeirenses, desesperados com a possibilidade de um novo descenso: "Fiquem tranquilos, o Palmeiras não vai cair".

Valeu a intenção, Felipinho, mas, como se sabe, o Palmeiras despencaria para a segunda divisão meses depois. Bem antes disso, no dia seguinte ao jogo com o Vasco, cai o treinador Scolari. E, amargamente, leva junto o ídolo Felipão, um pouco de nossa história e muito do que somos.

18. INTERIORES
GO, MG, MT, SP, 2008-2019

A vida de torcedor visitante não é feita somente de jornadas memoráveis, estádios inflamados e adversários de peso, mas também de noites soturnas, tribunas vazias e melancolia palpável.

Vivi muitas dessas viagens aparentemente esquecíveis, de arquibancadas maltratadas e trajetos que valem mais do que o destino. Enquanto todos dormiam no carro — sempre fui o motorista —, minha mente partia para bem longe, construindo o imaginário de forasteiro em que cabem tanto metrópoles globais como os pequenos municípios do interior.

Este é um capítulo dedicado às cidades que visitei dezenas de vezes e a cujas incursões rendo homenagem: Americana, Araraquara, Araras, Bragança Paulista, Campinas, Guaratinguetá, Jundiaí, Mirassol, Mogi Mirim, Piracicaba, Ribeirão Preto, Rio Claro, São José do Rio Preto, São José dos Campos e Sorocaba.

Sim, há duas capitais entre as cidades que são personagens das narrativas a seguir; mas, tomando-se como referência a categorização de interior como tudo aquilo que não está na faixa litorânea, faz sentido que Cuiabá e Goiânia apareçam nessa seleção. Licença poética e geográfica.

I.
2008, JANEIRO. BARÃO DE SERRA NEGRA, PIRACICABA/SP
PALMEIRAS 0 × 1 ITUANO

O primeiro domingo de dezembro de 2007 foi inusitado para os alviverdes. Precisando de uma vitória em casa para se garantir na Libertadores do ano seguinte, o Palmeiras foi superado pelo Atlético-MG e a vaga acabou ficando com o Cruzeiro — nunca entendi o esforço do Galo para entregar a classificação ao rival. Mas nem de longe foi uma tarde triste na zona oeste paulistana: com o Corinthians rebaixado em Porto Alegre, bandeiras de mastro e bandeirões se multiplicaram pelas ruas da Pompeia. A coisa saiu um pouco do controle quando um grupo de torcedores teve a ideia de comprar galinhas — referência ofensiva aos corintianos — e atirá-las para o alto. Foi um espetáculo bárbaro, eu admito, e, no fim, não sobrou sequer uma galinha viva. Horas depois, ninguém passaria no teste do bafômetro, mas era preciso enrolar os bandeirões para levá-los de volta à quadra da torcida. Assim foi feito. O mês de dezembro foi embora e o janeiro seguinte já se aproximava do fim, quando um desses bandeirões foi convocado para uma viagem a Piracicaba, em uma das rodadas iniciais do Paulistão. Já nas tribunas, o desenrolar do adereço resultou na imediata contaminação do ambiente com um odor de carniça em estado avançado de decomposição. Quase dois meses depois, descobriu-se da pior maneira possível que um dos pobres animais teve a carcaça esquecida no meio do tecido e ali apodreceu. Nunca mais consegui voltar a Piracicaba sem acionar a memória olfativa daquela noite de janeiro de 2008. "O horror, o horror..."

RODRIGO BARNESCHI

11.
2008, ABRIL. MOISÉS LUCARELLI, CAMPINAS/SP
PONTE PRETA 0 × 1 PALMEIRAS

Repórteres de rádio agrupados por toda a extensão da grande área. Fotógrafos posicionados de maneira esparsa ao longo da linha de fundo. Um cinegrafista direciona sua câmera para a arquibancada atrás do gol. Um fiscal da Federação Paulista de Futebol verifica o uso dos coletes amarelos, item obrigatório para ter acesso ao campo. Um policial, escorado em seu escudo transparente, tem a missão de frear o ímpeto dos visitantes — que se concentram no setor próximo à linha férrea que passa ao lado do Majestoso. Sem espaço nas poucas fileiras de arquibancada, torcedores se aproximam do muro que os separa do gramado. Um desses encaixa os olhos entre os vãos do alambrado que há muito implora por manutenção, a ponto de deixar suas narinas impregnadas com o cheiro de ferrugem. Uma das metas está a uma distância relativamente curta, mas as placas de publicidade e uma tenda improvisada encobrem, parcialmente, sua visão do arco. E então ele percebe que o pior inimigo de um frequentador de estádios está presente: as gruas da emissora de TV. Ao contrário de todos os demais obstáculos, a grua tem a capacidade de mover-se a todo tempo, conduzindo para cima, para baixo e para os lados uma estrutura que comporta a própria câmera e mais um cinegrafista. Normalmente são duas gruas atrás de cada gol, mas, neste caso, há ainda uma terceira, cujo guindaste obstrui a visão de uma das laterais. Não há muito como assimilar o que se passa entre as quatro linhas, ainda mais na grande área oposta, a 120 metros de distância. Pois é lá que uma bola é alçada para, depois de um desvio sutil, ultrapassar a linha da baliza defendida pelo goleiro alvinegro. É o gol da vitória em uma final de campeonato, mas o torcedor enxerga apenas braços erguidos no meio de um bando de atletas e todo o emaranhado de elementos que turvam seu horizonte. E ele só se dá conta que é o caso de comemorar quando seu ouvido treinado identifica o estampido seco que precede os abraços, a correria e a sensação de que não há, no mundo, lugar melhor que o alambrado do Moisés Lucarelli.

18. INTERIORES

III.
2011, SETEMBRO. SERRA DOURADA, GOIÂNIA/GO
ATLÉTICO-GO 1 × 1 PALMEIRAS

"Frizzo, você é um incompetente! Você está acabando com o Palmeiras, Frizzo!" Rogério Barberi, 1,98 m de altura, dispara palavras pouco amistosas em direção ao sujeito que se escora em um pilar do saguão do hotel, à vista dos funcionários da recepção. O alviverde acaba de ceder o empate no estádio Serra Dourada a um adversário com dois jogadores a menos, e parte da torcida resolve manifestar o descontentamento no local de concentração do time. Felipão toma a dianteira e, indignado com a postura do elenco, dá razão aos torcedores que ali estão para protestar. "Podem xingar mesmo, o Palmeiras acabou", diz, em um arroubo aceitável apenas por vir de quem vem. Alguns atletas se incomodam com cobranças um tom acima do razoável e tem início uma discussão, logo apartada pelos seguranças. Barberi, dos mais irritados, prefere direcionar sua bronca para os dirigentes e elege, como alvo predileto, o vice-presidente de futebol Roberto Frizzo: "Vai embora do Palmeiras!", vocifera, o dedo em riste apontado para o senhor que veste calça social preta e camisa azul. Um tanto assustado, o sujeito desencosta do pilar e se defende com um gesto conciliador e uma informação desconcertante: "Amigo, eu concordo com tudo isso, mas olha só: eu não sou o Frizzo". Barberi se recompõe e, enquanto tenta nos explicar o motivo de ter feito uma enorme confusão, recebe o aviso de que o dirigente está em outra extremidade do saguão do hotel. Pronto, agora sim: "Você ouviu tudo que eu falei para aquele cara? Então, aquilo vale para você, Frizzo!".

IV.
2012, FEVEREIRO. NINHO DA GARÇA, GUARATINGUETÁ/SP
GUARATINGUETÁ 2 × 3 PALMEIRAS

Sexta-feira, véspera de Carnaval, 430 quilômetros separam a capital paulista do Rio de Janeiro. Às margens da via Dutra, pouco antes da metade do caminho, fica Guaratinguetá. Eis que uma boa alma programa a partida da agremiação local contra o Palmeiras para as nove da noite da sexta. Como o feriado no Rio já está nos planos, a partida no Vale do Paraíba vem bem a calhar. Deixo a avenida Paulista às quatro da tarde, pensando ser o suficiente para chegar cedo ao município interiorano. Falha grave para alguém tão habituado a definir esquemas de logística supostamente à prova de engarrafamentos. São 3h30 perdidas somente nos primeiros trinta quilômetros, ainda na região metropolitana de São Paulo, e só consigo chegar no estádio com dez minutos de bola rolando. Para piorar, a bilheteria para a torcida visitante informa não haver mais ingressos — mesmo sendo possível enxergar, do lado externo, enormes clarões no setor destinado aos palmeirenses. Resolvo partir para o outro lado e os bilhetes estão igualmente esgotados — apesar de o público anunciado equivaler a 50% da capacidade do local. Depois de muito procurar, encontro um cambista com uma entrada para ver a bola rolando entre os entusiastas do Guaratinguetá. Aceito e, uma vez lá dentro, dá-se um jeito de transpor as grades que separam os dois lados.

V.
2012, JULHO. MOISÉS LUCARELLI, CAMPINAS/SP
PONTE PRETA 1 × 0 PALMEIRAS

Dentro de quatro dias, acontece a final da Copa do Brasil, em Curitiba, e nada além disso deveria importar. Mas, entre um e outro compromisso decisivo, a tabela do Campeonato Brasileiro aponta uma visita a Campinas para encarar a Ponte Preta. Vão os reservas a campo, obviamente, e é quando me dou conta de que tal artifício não se aplica a quem é da arquibancada: não existe torcedor suplente e, nas situações em que nem mesmo o time se faz representar dentro das quatro linhas, cabe à torcida um papel ainda mais preponderante. Ao aficionado não se faculta o direito de ser poupado de tempos em tempos; se ele não for atrás do clube, ninguém mais vai. É por isso que pessoas como eu colecionam experiências como a daquele sábado à noite no estádio Moisés Lucarelli: plantel esfacelado, jogo modorrento, derrota com gol solitário. Na saída, ao volante, uma rua fechada pelo policiamento me obriga a buscar uma rota alternativa. Quando percebo, estamos em território minado. Na esquina seguinte, sobem os donos da casa, dezenas deles. Estamos em quatro no carro (Cabrerão no banco do passageiro, Zupo e Boi atrás) e, devido ao frio, dois deles vestem o agasalho alviverde. Não dá tempo de disfarçar ou tentar esconder os trajes. Um pontepretano grita: "Olha os porco" (*sic*). Ladeira abaixo, trânsito parado e mais alvinegros subindo. Não sei dizer, até hoje, de onde veio a ideia de subir com o carro na calçada, mas foi a salvação. "Puta que pariu! Vai atropelar a galera", grita o Zupo. Em meio aos socos e pontapés que atingem o veículo por todos os lados, quarenta metros são percorridos à margem do tráfego, até que a primeira travessa me leva a fazer uma manobra arriscada à esquerda. Escapamos ilesos, nós e os rivais, sabe-se lá como. O New Fiesta sofre ao menos uma avaria, um amassado que ali ficaria, como cicatriz da batalha, pelos três anos seguintes.

RODRIGO BARNESCHI

VI.
2012, OUTUBRO. FONTE LUMINOSA, ARARAQUARA/SP
PALMEIRAS 0 × 1 CORITIBA

Quinta-feira à noite, véspera de feriado, trânsito intenso para deixar a capital. Chegar à remodelada arena de Araraquara consome pelo menos cinco horas de quem só pôde pegar a estrada no fim de tarde. Eu giro a catraca com a bola já rolando; meu irmão só chega no intervalo. Sobrevivemos juntos à morosa etapa final, até um lance grotesco definir a partida: uma sequência de quatro falhas bizarras termina em pênalti para o Coritiba. Consumada a presepada, nem é necessário ver o restante. A cobrança do pênalti é o tiro de misericórdia, colocando ponto-final em mais uma jornada trôpega e dando ares de inevitabilidade a um capítulo trágico da história alviverde. Exatos três meses depois de conquistar a Copa do Brasil (sabe-se lá como) e ainda com nove rodadas pendentes, o Palmeiras se compromete com o rebaixamento no Brasileiro ao sofrer o gol de pênalti, em Araraquara. Nem bem o juiz aponta a marca penal, dou um abraço apertado e sentido no meu irmão. Eu não digo nada. Ele tampouco. O silêncio fala por nós dois. Talvez ele não tenha se dado conta, mas é um pedido de desculpas. Porque, certo ou errado, me sinto responsável por tê-lo influenciado e por tê-lo transformado em uma figura como eu, tão obstinada quanto é possível ser.

VII.
2013, MAIO. NOVELLI JÚNIOR, ITU/SP
PALMEIRAS 1 × 0 ATLÉTICO-GO

"Mas você vai até Itu para ver um jogo desses, no mesmo horário da final da Champions League?", me pergunta o colega de trabalho, sem conseguir disfarçar o estranhamento. Sim, é isso. Com o agravante de ser uma estreia na Série B, longe de São Paulo devido a uma punição do ano anterior. Pois se alguém quiser saber onde eu estava quando Bayern de Munique e Borussia Dortmund subiram ao gramado de Wembley, eu responderei com orgulho: caminhando pela rua lateral do estádio Novelli Júnior, em Itu. Por força do hábito, estaciono o carro na rua que dá acesso à tribuna dos forasteiros e sou obrigado a contornar todo o imenso quarteirão para chegar ao portão principal. Uma vez lá, encontro os amigos da Mancha que seguiram até Itu apenas para protestar contra o alto preço dos ingressos — parecia até revanchismo por parte da diretoria, uma vez que a perda de mandos se deu por conta de brigas envolvendo as torcidas organizadas. Aqui, me sinto obrigado a confessar que nunca fui forte o bastante para deixar de entrar como forma de protesto contra a exclusão das camadas populares. Sempre reclamei da elitização em outros fóruns e batalhei arduamente contra a gestão Paulo Nobre, mas nunca fui capaz de vencer a obsessão que me impele a girar a catraca. E, enquanto o mundo todo acompanha a grande disputa de Londres, eu dou início a mais uma longa trajetória de sofrimento.

VIII.
2013, AGOSTO. MELÃO, VARGINHA/MG
BOA ESPORTE 1 × 0 PALMEIRAS

Ninguém quer jogar a Série B, é evidente. Mas é possível encontrar aspectos positivos mesmo no mais adverso dos cenários, e é meu dever assinalar que disputar a segunda divisão do futebol nacional representa, para o torcedor de um clube grande, a oportunidade de fazer uma imersão pelos rincões do país. Foi assim a Série B de 2013, disputada por representantes de dezoito diferentes cidades, espalhadas por doze estados brasileiros. De Chapecó a Natal, de Belém a Curitiba, de Arapiraca a Joinville, sendo possível percorrer todas as regiões do Brasil. A logística é mais complexa e, diante do investimento elevado com bilhetes aéreos, viagens rodoviárias se tornam interessantes, ainda que para destinos menos, digamos, turísticos. Admito, com certo pudor, a motivação um tanto fútil para ir a Varginha, município do sul de Minas que fica a quatro horas de carro de São Paulo: conhecer mais um estádio. Sim, acrescentar novas arquibancadas ao currículo pessoal é uma vaidade intrínseca ao forasteiro. O campo de Varginha não é exatamente dos mais convidativos, com sua inusitada arquitetura octogonal, certa distância do gramado e localização prosaica — em uma área periférica, ladeado por um presídio e por um parque florestal. Com a bola rolando, o alviverde consegue ser superado por uma entidade itinerante que nem mesmo a cidade abraça (o Boa Esporte é, originalmente, de Ituiutaba) e transforma a viagem de volta em um martírio. Em especial para o motorista, que sequer pode se dar ao luxo de dormir.

18. INTERIORES

IX.
2015, JULHO. ARENA PANTANAL, CUIABÁ/MT
PONTE PRETA 0 × 2 PALMEIRAS

Os pouco mais de 12 mil pagantes ficam bem espaçados em meio aos quarenta mil lugares da Arena Pantanal. Culpa da empresa responsável por levar o jogo para Cuiabá com ingressos a partir de R$ 100,00. Do público total, não mais do que trezentos apoiam a Ponte Preta, configurando clara inversão de mando. Mas pouca gente viaja de São Paulo e, ao deixar o campo, vou jantar em um restaurante nas imediações do estádio para, depois, seguir até o aeroporto — meu voo sairia no meio da madrugada. Encontro um canto sossegado na área de espera, escolho uma fileira de bancos e recosto a cabeça na mochila. Durmo. Os cochilos nos bancos duros ou no chão de terminais costumam ser interrompidos por uma conversa acima do tom ou simplesmente pelo medo de perder o horário. Em Cuiabá, desperto do sono e me vejo rodeado por rivais, entre vinte e trinta deles. Outros palmeirenses chegariam só na madrugada. Naquele exato momento, eu pareço ser o único palestrino no recinto, cercado por adversários. Inverte-se o cenário observado na Arena Pantanal, e os alvinegros, enfim, podem se portar como mandantes. Levanto-me, avalio a situação e faço o que me parece ser o mais prudente: escolho um gesto e um aceno de cabeça para cumprimentar discretamente os que olham em minha direção e, calmamente, vou tomar um café. Minutos depois, na única lanchonete aberta na madrugada, divido uma mesa com torcedores de outro clube e converso sobre histórias forasteiras daqui e de lá.

X.
2019, DEZEMBRO. BRINCO DE OURO, CAMPINAS/SP
PALMEIRAS 5 × 1 GOIÁS

O Brinco de Ouro é um dos mais tradicionais estádios do interior paulista, no patamar do Moisés Lucarelli e do Santa Cruz, de Ribeirão Preto. A cabeceira norte é destinada aos visitantes (até a década de 1990, os clubes da capital tinham direito também ao espaço atrás do gol oposto), e seu acesso ocorre por meio de uma passagem subterrânea baixa, estreita e úmida. Nas tantas vezes que lá estive, uma coisa sempre me impressionou: a imponência do tobogã, o elevado setor central que concentra quase a totalidade dos bugrinos. Foi a possibilidade de conhecer este espaço o principal motivo — como se eu precisasse de algum — que me levou a encarar a estrada em uma quinta-feira à noite para assistir a um jogo que já não valia absolutamente nada. E que foi acontecer no interior pelo fato de a arena palestrina ter sido emprestada a um evento corporativo. Um tanto alheio à surpreendente goleada, passei os noventa minutos andando de um lado para o outro do tobogã, observando um cenário que parecia remeter a muitas noites melancólicas de décadas passadas: um time derrotado, público pequeno, o concreto molhado pela chuva, a iluminação precária a projetar sombras fantasmagóricas no campo e na arquibancada. A grandiosidade do setor permitia apreciar o simples fato de estar em um estádio para uma partida desimportante. Muitas vezes antes eu me portei como infiltrado em locais bastante familiares para mim; mas a noite nada memorável de Campinas me colocou na inusitada posição de mandante temporário em um espaço que eu, muito provavelmente, nunca mais poderei frequentar.

19. INTELIGÊNCIA ORGANIZADA
ARENA CORINTHIANS, SÃO PAULO, 2014

A tabela do Campeonato Brasileiro de 2014 foi divulgada em 7 de fevereiro daquele ano e, já ali, sabia-se que o Corinthians receberia o Palmeiras pela primeira vez na sua nova casa em 27 de julho, dias depois de encerrada a Copa do Mundo. As autoridades tiveram, portanto, quase seis meses para montar o esquema de logística que permitisse levar 2.131 palmeirenses de um extremo a outro da metrópole em segurança — 25 quilômetros separam os dois rivais —, mas nada fizeram até a antevéspera do clássico.

O 2º Batalhão de Choque da Polícia Militar, encarregado da segurança nos estádios paulistas, omitiu-se durante todo esse tempo e agendou uma reunião com representantes das torcidas organizadas e demais partes envolvidas para a sexta-feira anterior ao duelo, como se a pauta fosse banal. A solução apresentada foi preguiçosa: os alviverdes deveriam seguir em ônibus fretados — algo entre quarenta e quarenta e cinco veículos se deslocando em uma região, à época, só conhecida pelos residentes e desprovida de vias de circulação para tão grande contingente.

A contraproposta veio de um dirigente da Mancha Verde: trem expresso de ponta a ponta, com o trecho final sendo percorrido em uma caminhada de três quilômetros e meio, sob escolta da PM. Não foi uma ideia repentina ou um devaneio, mas sim um esquema pensado a partir de visitas prévias à região, de consultas a moradores da zona leste e, acima de tudo, da experiência de quem melhor sabe definir a logística para chegar a um estádio em segurança: os líderes de uma torcida organizada.

O plano foi inicialmente rejeitado pelo 2º Batalhão de Choque, que insistiu na determinação original e listou uma série de argumentos contrários — incluindo frágeis justificativas operacionais atribuídas à Companhia Paulista de Trens Metropolitanos (CPTM). Todas essas premissas cairiam nas horas seguintes.

A Mancha endureceu o discurso, foi à imprensa dizer que não aceitaria fazer o percurso de ônibus (em parte pela dificuldade de fretar quarenta veículos tão repentinamente, mas, essencialmente, pelos riscos à segurança de seus integrantes) e tornou pública a proposta de fazer o trajeto por via ferroviária, a exemplo do que havia acontecido com milhares de estrangeiros que, semanas antes, vieram assistir a jogos da Copa em Itaquera.

Ainda que com certa histeria, a cobertura midiática foi correta — e contribuiu para a reversão do quadro. Em caráter emergencial, a PM deslocou oficiais do Choque e das Rondas Ostensivas com Apoio de Motocicletas (Rocam) para simular o percurso sugerido pela organizada. Ao final, constatou-se que ele atendia de forma ideal a todos os requisitos de segurança: a caminhada passaria por uma vizinhança estritamente residencial, não havendo pontos de concentração, cruzamento com vias arteriais ou conexão com meios de transporte.

Ficou para a Mancha, em um primeiro momento, a imagem de intransigência — nada que representasse incômodo diante da reputação habitual. Uma vez confirmada a viabilidade da rota pelos trilhos, as autoridades tiveram de ceder e, em poucas horas, juntamente à CPTM, cuidaram dos procedimentos para que um trem fizesse o percurso de ida e volta entre as estações Palmeiras-Barra Funda e Dom Bosco (uma depois da Corinthians-Itaquera). Do início ao fim, sem baldeação, sem encontros com rivais, sem quaisquer transtornos.

É bem verdade que isso obrigou o palmeirense a iniciar a viagem até a zona leste cinco horas antes da partida, mas foi o preço a se pagar para salvaguardar a coletividade e garantir público visitante na casa do rival.

Entre a estação Dom Bosco e o Setor Sul da Arena Corinthians, a escolha da PM funcionou bem. Como se estivessem na avenida Sumaré, no trajeto entre o Palestra Itália e o Pacaembu, dois mil palestrinos seguiram tranquilamente por ruas tão desconhecidas quanto vazias — exceção feita a uma feira livre que vendeu pastéis e caldos de cana como nunca. Se muito, as baixas civis ficaram restritas a contusões dos vitimados pelas ladeiras de Itaquera.

O que mais chamou a atenção no contingente palestrino que se deslocou ruidosamente pela zona leste foi um adereço inusitado e quase onipresente: máscaras cirúrgicas. Em tom de provocação, os integrantes do agrupamento alviverde usavam a máscara durante a caminhada com claro sentido pejorativo, chamando o estádio adversário de "lixão". É bem verdade que boa parte teve de ser descartada no portão de acesso — a PM alegou que elas impediam a identificação dos rostos —, mas muitas foram vistas dentro da arena.

Uma hora depois do apito final, os palmeirenses seguem de volta pelo mesmo caminho e com tranquilidade. Graças à interferência de uma categoria tida como arruaceira, duas mil pessoas chegaram a Itaquera em paz, saíram de lá em paz e voltaram para casa em paz.

Encerrado o domingo, a Mancha Verde, tão em baixa com a opinião pública, consagrou-se como responsável por definir o esquema de logística e segurança que deveria caber ao Estado. Ao desafiar a determinação temerária da PM, a torcida organizada criou o modelo que seria adotado oficialmente em todos os clássicos seguintes em Itaquera — incluindo, com pequenas adaptações, os jogos do Corinthians contra São Paulo e Santos.

Enquanto caminhava de volta para a estação Dom Bosco depois do encontro pelo Brasileiro de 2014, pensei que seria o primeiro de muitos domingos de sacrifício para ver o Palmeiras jogar do outro lado da cidade. Mal sabia eu que poderia ir apenas mais duas vezes a Itaquera e que, ao todo, seriam apenas onze os confrontos entre os grandes paulistas com tribunas divididas na nova arena corintiana — todos entre o segundo semestre de 2014 e o começo de 2016.

O advento da torcida única, uma imposição do Ministério Público tendo o policiamento, os clubes e parte da imprensa como cúmplices, foi o decreto de falência do Estado. Desde então, jogadores de Palmeiras, Santos e São Paulo nunca mais puderam comemorar os gols junto à cabeceira sudeste da arena de Itaquera, que se tornou tão inacessível quanto um estádio do leste europeu.

Um palmeirense que residisse em Interlagos, bairro da zona sul de São Paulo, gastaria até catorze horas do seu domingo para acompanhar uma partida em Itaquera. Com esse mesmo tempo, daria para fazer um bate e volta até o Rio de Janeiro e assistir a um jogo no Maracanã:

9h: saída de casa

10h40: chegada ao Palestra Itália

11h: início da caminhada até a estação Palmeiras-Barra Funda

11h20: partida do trem expresso

12h10: chegada à estação Dom Bosco da CPTM

13h30: chegada à Arena Corinthians

17h: Corinthians × Palmeiras

19h: apito final

19h40: saída do estádio

20h45: chegada à estação Dom Bosco da CPTM

21h30: chegada à estação Palmeiras-Barra Funda

23h: retorno para casa

20. CÓDIGOS DA ARQUIBANCADA
ARENA DA BAIXADA, CURITIBA, 2014

Antes de um domingo de 2014 em Curitiba, voltemos a 2009. Naquele ano, meu amigo Marco Bressan, o Teo, escreveu um documento denominado *Conclusões, recomendações, devaneios e mantras de um torcedor de arquibancada*. São 34 artigos, alguns bem extremistas, sobre as relações entre aficionados, clubes, estádios e demais protagonistas do esporte. Como, à época, debatiam-se os efeitos nocivos do Estatuto de Defesa do Torcedor, eu publiquei a compilação no meu blog com o título *Estatuto para o verdadeiro torcedor*.

Nos anos seguintes, tal material viria a causar polêmica no *Forza Palestra*, em redes sociais e em ambientes de interação presencial. O ponto central da controvérsia não era necessariamente um artigo específico, mas sim a opção por utilizar a palavra "verdadeiro" no título. O adjetivo, afinal, indicava a existência de torcedores que, se não verdadeiros, poderiam ser, por assim dizer, fajutos.

Peço que me entenda, por favor.

O Estatuto de Defesa do Torcedor foi promulgado, pelo Governo Federal, em 2003, e não tardou a se revelar um engodo, voltado menos a defender o torcedor ou sua cultura e mais a podar liberdades individuais e coletivas. Há poucos direitos ou conquistas da arquibancada presentes no tal estatuto; em lugar disso, constam basicamente cerceamentos e punições. Também pudera: a legislação foi produzida sem dar voz aos aficionados, que não foram consultados por ocasião da elaboração do instrumento legal.

De onde resulta que o compêndio de reflexões de um experiente frequentador de estádios se destacou junto aos amantes do concreto, mas não foi tão bem recebido por quem acompanha o futebol pela TV, pelas redes sociais ou por outros meios não presenciais. O adjetivo "verdadeiro", eu admito, propunha estabelecer justamente essa distinção.

Não foi minha primeira polêmica virtual, nem seria a última. Ao longo de todos os anos de atividade do *Forza Palestra*, fui muito atacado por cunhar uma frase que, de certo modo, me define: torcedor é aquele que gira a catraca. Sim, eu acredito nisso e tive de produzir textos e mais textos para efeito de contextualização. Ao contrário do que muitos quiseram entender, nunca quis impor uma qualificação a indivíduos como sendo "mais" ou "menos" torcedores. A distinção que eu busco estabelecer é de outra ordem, do "ser" ou "não ser" torcedor, e penso que as páginas deste livro constituem a melhor justificativa que eu posso apresentar para tentar esgotar o assunto.

O *Estatuto para o verdadeiro torcedor*, do Teo, merece ser aqui republicado, já com os respectivos ajustes feitos ao longo do tempo em relação à sua versão original:

ESTATUTO PARA O VERDADEIRO TORCEDOR
Marco Bressan (Teo)

1. Futebol não é festa.
2. Futebol não é divertimento.
3. Futebol não é um bom lugar para passeio.
4. Futebol não é um ambiente saudável, ao contrário, é doentio.
5. Evite levar criança ao estádio, a menos que esta seja mais madura que você (no meu caso não é difícil).
6. Evite levar qualquer pessoa ao estádio que não esteja focada na vitória do seu time.

7. Não use uma partida de futebol para networking profissional e/ou social. O ideal é que, ao te verem no estádio, todos se envergonhem de você.
8. Acredite em você, nas suas impressões e opiniões sobre seu time.
9. Despreze completamente a opinião da imprensa esportiva.
10. Se você acha que seu time vai ganhar, talvez ele ganhe.
11. Se você acha que seu time vai perder, ele vai perder. Vá ao jogo assim mesmo.
12. Não deixe que o trabalho atrapalhe o futebol.
13. Não deixe que nenhum programa ou compromisso atrapalhe o futebol.
14. Não deixe que um romance atrapalhe o futebol.
15. Não deixe que nada atrapalhe o futebol.
16. Acima do futebol, só a saúde. Ela que te permite viver para o futebol.
17. Seu melhor amigo é o seu time.
18. Despreze quem não gosta de futebol.
19. Ignore quem não gosta de você pelo fato de você gostar de futebol.
20. Fique onde você quiser no estádio, ignore os lugares numerados.
21. Nunca assista ao jogo ao lado de um torcedor adversário.
22. Odeie seu adversário no dia do jogo.
23. Identifique seu inimigo e odeie-o todos os dias da sua vida.
24. Debata com torcedores adversários verdadeiros, menospreze os farsantes.
25. Se um dia você for a um estádio sem alambrado, fosso ou qualquer divisão para o campo, sinta vergonha. O Brasil não é a Inglaterra.
26. Não relaxe durante o jogo.
27. Evite sorrir durante o jogo.
28. Não xingue os jogadores do seu time durante o jogo. Alguns merecem, mas não vai adiantar.
29. Xingue a arbitragem em todos os jogos, isso te fará bem.
30. Não se esforce por ingressos para torcedores ocasionais e oportunistas. Cuide do seu e dos legítimos habitantes daquele espaço sagrado.
31. Refute ser tratado como consumidor, você é apenas torcedor. Por sinal, você é muito mais que consumidor.
32. Cuide da sua própria segurança, nunca espere nada da PM.
33. Proteja-se da PM.
34. Volte do estádio sempre com a sensação do dever cumprido.

Em que pesem eventuais polêmicas ou discordâncias pontuais, é um produto de seu tempo, revelando ansiedades e temores de uma classe que já vislumbrava os ataques do Padrão Fifa à cultura de arquibancada. Àquela altura, as arenas que modificariam a estrutura do futebol brasileiro não eram nada mais que projetos, mas o fantasma da elitização já rondava o concreto armado de nossas praças esportivas.

Nesse sentido, penso que o Estatuto do Teo envelheceu bem ao longo da última década, e talvez seus regramentos e recomendações devam sofrer atualizações apenas do ponto de vista tecnológico. Explico: em 2009, os smartphones eram objetos de alcance restrito e a tecnologia *mobile* ainda era incipiente. A sociedade não padecia de obesidade informacional e as pessoas não passavam os dias com a cabeça reclinada na direção de uma tela. O recurso tido como mais evoluído nos aparelhos celulares era a câmera.

É aí que chegamos ao ano de 2014, em Curitiba. O pior elenco a representar o Palmeiras em toda a sua história visita o Atlético-PR, hoje Athletico. Empate em um gol. Deixo a Arena da Baixada assim que permitido pela PM e, a caminho do aeroporto Afonso Pena, começo a receber mensagens no celular e também e-mails de notificação no Twitter. São amigos, conhecidos ou seguidores nas redes sociais. As mensagens, em sua maioria, vêm acompanhadas de uma imagem ou do link de um portal.

O gol alviverde foi anotado em cobrança de pênalti. A foto publicada pelo site mostra dois jogadores no ato da comemoração, bem perto da trave direita, a poucos metros do setor inferior. Ao fundo, um trecho isolado pelo policiamento, quatro repórteres de campo e a corda a separar as duas torcidas. Bem no canto da imagem, um pequeno grupo de palmeirenses. Eu sou um deles, posicionado junto à corda. Minha expressão é selvagem, os lábios enunciando um urro, os punhos cerrados e movimentando-se explosivamente para baixo.

O tom das mensagens que recebo não foge muito disso aqui: "Parabéns, Barneschi, você é o único que aparece comemorando o gol em vez de filmar o lance". Não vejo, sinceramente, motivo para receber qualquer tipo de felicitação. Faço, ali, o que deveria fazer qualquer torcedor no momento do gol: comemoro, grito, vibro, desabafo. O problema é que estou cercado por pessoas segurando, na altura dos olhos, um equipamento que cumpre a missão que deveria ser desempenhada por suas retinas e seus nervos ópticos.

Há pessoas que vão ao Museu do Louvre e, diante da Mona Lisa, deixam de usufruir um Da Vinci com seus próprios sentidos para fazer um registro fotográfico que não diz nada sobre a obra e muito sobre o fotógrafo amador. E há pessoas no estádio — muitas — que, diante da história que acontece à sua frente, ignoram o momento em nome da gravação de um vídeo tosco que ficará esquecido na nuvem.

A incapacidade de viver plenamente o privilégio de fazer parte do espetáculo me incomoda profundamente, ainda mais por saber que o "futebol moderno" (peço desculpas pelo uso de expressão tão desgastada) expulsou um contingente expressivo de pessoas que, por décadas, fizeram da arquibancada um espaço para manifestações exacerbadas.

O Estatuto do Teo, se atualizado fosse, deveria trazer artigos relacionados ao uso do celular durante o jogo, à obsessão por checar notificações ou aplicativos de mensagem enquanto a bola rola e, pior do que isso, ao péssimo hábito de atualizar redes sociais durante os noventa minutos. Tais artigos, eu bem sei, seriam recebidos com desdém ou rebeldia pela Geração Mil Grau.

As novas arenas, em especial, foram invadidas por um bando que parece menos atento ao futebol em si e mais ao filtro e aos efeitos que podem gerar interações virtuais. Importa, para essas pessoas, menos o privilégio de estar no estádio e mais a reação de seguidores que nem sabem que um jogo está acontecendo.

Anos depois da publicação do *Estatuto para o verdadeiro torcedor*, em 2009, outra frase minha foi mal recebida pelos propagadores do senso comum rasteiro: "A arquibancada tem seus códigos. Eles devem ser respeitados". Sem entrar no mérito do ocorrido à época, basta pontuar que a sentença surgiu como oposição à hipocrisia dos que palpitam sobre futebol sem vivência de arquibancada — e, portanto, sem conhecer regramentos definidos mais em termos empíricos do que estatutários.

Agora, pai de dois moleques e já às voltas com uma precoce crise de meia-idade, sigo em defesa desses códigos: no estádio dos meus sonhos, o "não mexe no celular durante o jogo, caralho!" seria tão conhecido e respeitado quanto o "não grita gol antes, porra!".

20. CÓDIGOS DA ARQUIBANCADA

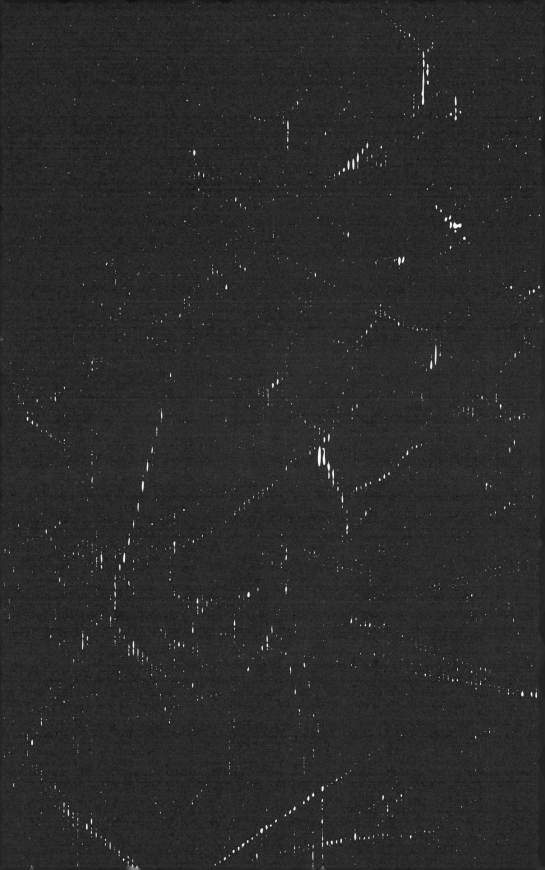

21. CAMUFLAGEM COLORADA
BEIRA-RIO, PORTO ALEGRE, 2015

O assento é (quase) sempre o mesmo: 7F. O avião faz a manobra final em direção ao aeroporto Salgado Filho e é possível avistar todo o caminho a ser percorrido em solo. Ao fundo, bem distante, luzes vermelhas iluminam o céu, o Beira-Rio e o parque adjacente. Recuando um pouco, a Usina do Gasômetro, o Centro Histórico e a rodoviária. Passo os olhos pelas ilhas do Arquipélago e pelo mar de lanternas vermelhas dos carros nas avenidas Farrapos e Castelo Branco. A chuva congestiona as duas principais vias de acesso à região central.

Com o atraso do voo na saída de São Paulo, desembarco com pouco tempo para chegar ao estádio. Sigo o caminho habitual em direção ao metrô de superfície. Oscilo entre o trote acelerado e a corrida entre obstáculos (as pessoas), mas acontece o que eu temia: acaba de partir o aeromóvel, transporte suspenso que faz a conexão com a estação da Empresa de Trens Urbanos de Porto Alegre (Trensurb). Preciosos minutos perdidos.

Uma vez na plataforma, logo chega o trem e me sinto em vantagem em relação a todos os carros parados na avenida que fica à margem da via férrea. Uma estação após outra, conto os minutos que ganhei ao optar pelo transporte público — e já considero que é possível chegar ao Beira-Rio antes do apito inicial. Meu plano é simples: descer na última parada (Mercado) e ali pegar táxi ou Uber até o estádio colorado.

Desço na estação derradeira e subo a escadaria em ritmo acelerado. Cai uma garoa leve e insistente. Procuro um táxi na avenida Mauá, sem sucesso. Tampouco na Júlio de Castilhos ou no começo da Borges de Medeiros. Contorno o mercado, os pontos estão esvaziados, e é esse também o cenário que encontro na praça Quinze de Novembro. Todos os táxis parecem ter sumido da região central no fim de tarde.

Tento pedir um Uber, mas mesmo essa opção parece inviável. Penso que pode ser uma restrição relacionada ao estádio, e passo a me contentar com uma carona que me deixe pelo menos mais perto. Mudo o destino para uma série de locais próximos: a churrascaria Freio de Ouro, o Hospital Mãe de Deus, o Intercity Premium, até o Shopping Praia de Belas. Nada. O gargalo deve ser mesmo a região central.

Sigo procurando táxis e atualizando o aplicativo, mas a situação não muda. Cogito seguir a pé, mas a chuva aperta e me dou conta de que são quase cinco quilômetros de distância. Há também os ônibus, mas, sem colorados nos coletivos que passam por ali, parece lógico supor que nenhum tenha o Beira-Rio em seu itinerário.

A salvação aparece quase em frente ao Paço Municipal. Uma van. O sujeito abre as portas e anuncia: "Beira-Rio direto, só cinco reais! Beira-Rio direto! Saindo agora". Não tem muito o que pensar. Apresso o passo, entrego uma nota ao rapaz e entro no veículo salvador. Resta apenas uma fileira vazia. Todas as demais estão ocupadas por colorados e eu sou o único a não vestir vermelho.

Ao longo de décadas como torcedor visitante, desenvolvi uma série de técnicas para transitar em segurança pelas imediações de estádios hostis à minha presença. Uma das mais eficazes é a camuflagem: além de esconder camisa e boné do Palmeiras (por precaução e por respeito aos donos da casa), procuro sempre levar uma peça de roupa adicional que me permita caminhar ileso por territórios inóspitos.

RODRIGO BARNESCHI

Contra o Cruzeiro, um boné azul resolve. Contra alvinegros, basta uma calça jeans de tom escuro e uma camisa discreta. No caso de outros alviverdes, devem-se evitar artigos que possam remeter aos rivais locais (preto em São Paulo, rubro-negro em Curitiba, vermelho em Goiânia etc.). Contra o Flamengo, pode-se ir de preto ou mesmo de vermelho, e há mais opções de vestimenta quando se visita tricolores.

São pequenas táticas de sobrevivência, mas, de modo geral, dois fatores são infalíveis: discrição e conhecimento prévio das cores proibidas em cada estádio (normalmente a do rival). Isso só não vale contra o Inter em Porto Alegre: não há ambiente mais monocromático do que as imediações do Beira-Rio. O vermelho da camisa nunca sofreu alterações substanciais; houve poucas variações de tom e quase nenhuma combinação inusitada (de um eventual terceiro uniforme). A única forma de se camuflar no Beira-Rio, portanto, é vestindo-se com peças na cor vermelha.

Pois eu fui escolher justamente uma noite de Copa do Brasil para descumprir essa resolução e entrar na van com um moletom preto. Os colorados me olham, algo desconfiados. Cumprimento os mais próximos, acenando levemente com a cabeça, sigo até a fileira vazia, encosto na janela, coloco o fone de ouvido e fecho os olhos. É só manter a calma, transmitir segurança e não demonstrar medo, penso eu.

São 18h57 e a partida está marcada para as 19h15. A van segue pela Borges de Medeiros e vira à direita para acessar a avenida que contorna o Guaíba. O trânsito é carregado e os tempos de parada vão ficando maiores à medida que o campo se aproxima.

São 19h16, a bola está rolando e a van chega ao Beira-Rio, mas pelo lado oposto ao do portão principal. Descer ali seria o ideal, bastando uma pequena caminhada até o setor visitante, mas fica evidente que todos os colorados vão esperar que a van faça o retorno para descer na avenida Padre Cacique.

Em um impulso, quase me levanto para desembarcar, mas teria de pedir licença ao passageiro do assento vizinho e despertaria a atenção dos demais ocupantes — além dos colorados que estavam do lado de

21. CAMUFLAGEM COLORADA

fora. Muito arriscado. Resignado, aceito que, em nome da minha segurança, terei de sacrificar os primeiros minutos do mata-mata.

O contorno leva quase quinze minutos, ao término dos quais posso descer, acompanhado dos demais ocupantes do veículo. Um deles para e observa meus próximos movimentos. Sigo em direção ao acesso para a torcida visitante e, com razão, o sujeito me amaldiçoa com um palavrão. Eu nem olho para trás.

Três anos depois, mais um duelo entre Internacional e Palmeiras, pelo Brasileirão. Chego cedo a Porto Alegre, dou uma volta pela cidade e almoço tranquilamente com um amigo, na churrascaria Galpão Crioulo. Na caminhada pela Padre Cacique, visto um agasalho branco com três listras vermelhas. Ótima camuflagem.

Ao cruzar a fronteira imaginária, guardo o agasalho na mochila e, junto aos meus, passo a ostentar camisa e boné do Palmeiras.

Vem a revista policial e o agente da lei vasculha o conteúdo da mochila:

— Você não pode entrar com essa jaqueta.

— Por que não?

— Porque é vermelha.

— E daí?

— É a cor do Inter.

— Sim, eu venho com ela para poder andar em paz do lado de fora, na entrada e na saída.

— Mas não pode entrar com nada vermelho no setor visitante.

— Desde quando isso? E por que não?

O sujeito não sabe explicar. Minha exaltação o leva a chamar um superior. Aparece um major ou algo do tipo:

— Não estamos deixando entrar nada vermelho na torcida que vem de outros estados.

— Isso já me foi dito. Mas por qual motivo?

— Porque você pode colocar fogo lá dentro para provocar.

...

— Mas isso já aconteceu alguma vez?

— Não, é uma precaução.

Eu bem gostaria de dar sequência ao infrutífero debate com o cidadão, mas me dou conta de que aquilo não terminaria bem. Prefiro responder a ele com um olhar de incredulidade e vou atrás de um jeito de passar pela revista policial com tão perigoso artefato.

21. CAMUFLAGEM COLORADA

22. ELOGIO À PRECARIEDADE
VILA BELMIRO, SANTOS, 2015

Estádio Urbano Caldeira, portão 21. Houve um tempo em que corintianos, palmeirenses e são-paulinos tinham direito a dois mil lugares, ocupando toda a cabeceira sul, inclusive os lances inferiores. Em 2006, o Santos construiu uma grade segregando o espaço atrás do gol de fundo e deixou para a torcida adversária justamente o trecho mais apertado e com um desnível na parte superior, tendo um de seus extremos não mais do que uma dezena de degraus. São setecentos lugares. Apenas setecentos ingressos.

A experiência do forasteiro em Santos, desde a mudança no setor destinado a ele, foi se deteriorando rapidamente, com medidas restritivas impostas de maneira unilateral pelo dono da casa e sem resposta à altura por parte dos clubes afetados ou das entidades que organizam as competições no país. Somente os exíguos privilegiados aceitos no setor visitante da Vila Belmiro protestavam, sem qualquer repercussão.

Há campos piores que a Vila Belmiro, sem dúvida. Mas trata-se de local tão icônico e recorrente nas visitas dos grandes da capital que seus defeitos se tornam mais nítidos. Isso posto, não esperem encontrar, aqui, qualquer sinal de lamúria pelos problemas enfrentados após girar uma das três catracas do portão 21. Até porque já deve estar claro que eu sou do tipo que romantiza ambientes decadentes e, por vezes, isso se traduz em elogios a tudo que é precário em nossos estádios.

Da Vila, por exemplo, eu destacaria o fato de a meta logo abaixo do setor visitante ficar encoberta para quem se instala em um daqueles setecentos lugares. Enxerga-se nitidamente o arco do outro lado, mas tão próxima dos primeiros degraus da arquibancada superior fica a trave do nosso lado que, para o torcedor de estatura mediana, só é permitida a vista da pequena área e da confusão que ali se forma.

Em compensação, nenhum outro estádio oferece visão panorâmica tão precisa e aberta dos contra-ataques que se desenham na direção da cabeceira sul — e, vá lá, do outro lado também. Tem-se a impressão de que os adversários são velocistas natos — o que é ainda pior contra uma agremiação reconhecida por revelar moleques dribladores que caem pelas pontas — e enxerga-se nitidamente cada possibilidade de ação dos atacantes, elevando o nível de cobrança no caso de decisões equivocadas.

Se os degraus são estreitos em demasia, dificultando a acomodação de pés avantajados, poucos locais propiciam tamanho protagonismo aos forasteiros: a visibilidade é assegurada na transmissão de TV e os apupos lá do alto são notados por qualquer jogador que se aproxime da grande área.

A precariedade se impõe em todos os cantos da casa alvinegra: nas estalactites provocadas pela umidade da escada de acesso; no banheiro único, situado logo depois das catracas; no bar, que parece não fazer muita questão de vender algo para quem é de fora; nos vergalhões visíveis pelo desgaste do concreto. A praia está a dois quilômetros e meio dali, e são nítidos os efeitos da maresia para a decrepitude da estrutura.

A Vila Belmiro resume, de certa forma, as deficiências comuns aos estádios mais antigos, pertencentes a uma era da qual eu sou saudosista: portões de acesso apertados, visibilidade comprometida, corredores e escadas insuficientes para o escoamento do público, banheiros decrépitos.

O concreto é protagonista e, como efeito de determinações recentes, foi coberto por tintas preta e amarela, esta última a sinalizar lugares demarcados que mal comportam um indivíduo — isso explica a aglomeração de duas pessoas por degrau para acomodar as setecentas.

Mesmo fora de campo, há problemas: na rua onde ficávamos concentrados, encontra-se nada mais que *um* boteco (que nem de pé-sujo merece ser chamado), uma revendedora de bebidas que faz as vezes de bar e uma padaria que já viveu dias melhores.

Os sintomas de decadência são reveladores, acima de tudo, da riquíssima história do estádio praiano. O cimento quebradiço, a estrutura de ferro que se desnuda, os muros com tinta descascada, tudo é indício de que a história aconteceu ali, semana após semana e que, ao longo de décadas, torcedores de diferentes gerações recostaram-se nos apertados degraus do setor 204.

Entre duas dezenas de visitas à Vila Belmiro, quatro foram em um único ano, 2015, quando desci a serra para ver os clássicos válidos por Paulista (fase classificatória e final), Brasileiro e Copa do Brasil. Choveu em três ocasiões, comprovando a percepção generalizada de que as precipitações fazem parte do cenário — em especial depois do apito final, com os confinados forasteiros tendo pelo menos meia hora para se encharcar, enquanto acompanham o esvaziar do amontoado de setores alvinegros.

A partida de ida da final da Copa do Brasil, em novembro de 2015, foi a última antes de as autoridades do estado de São Paulo decretarem clássicos com torcida única, em abril do ano seguinte. No mesmo mês em que foi sentenciado o impedimento dos visitantes, Santos e Palmeiras se enfrentaram pela semifinal do Paulistão.

Foi o primeiro clássico paulista sem a presença de adversários no portão 21. Foi a primeira vez, em mais de década, que o alviverde subiu para o gramado da Vila Belmiro sem que eu estivesse presente. E foi só o início de uma longa — e aparentemente irreversível — era de proibição de torcedores do Trio de Ferro na famosa Vila.

22. ELOGIO À PRECARIEDADE

23. ESTRADAS, AEROPORTOS E CONFINS
BELO HORIZONTE, 2015-2019

Avenida Paulista, 9h30 de uma quinta-feira. Reunião com cliente novo. Casualmente, ele puxa assunto sobre o jogo da noite anterior. "Deu para ouvir a torcida do Palmeiras durante todo o segundo tempo...". Fico a pensar se é o caso de entrar na conversa, mas, focado em me manter acordado ao longo do dia e preservar o fiapo de voz que me resta, decido avançar para a pauta da reunião.

Não seria fácil para o tipo entender que eu, de terno e fazendo uma apresentação institucional, havia acabado de chegar de Belo Horizonte, onde fui uma das vozes da cantoria que o impressionou. Difícil também seria assimilar a informação de que eu fechei os olhos por não mais do que duas horas desde a noite passada, aproveitando o sofá de um quiosque desativado perto dos balcões de check-in do terminal de Confins.

Eu mesmo, se não estivesse tão habituado a essa rotina, não acreditaria. Ao longo de mais de uma década ocupando cargos de liderança em uma agência multinacional, contam-se às dezenas as situações em que cumpri o roteiro escritório-aeroporto-estádio-aeroporto-escritório, trabalhando normalmente em um dia e, no outro, também. Mas os companheiros de trabalho nunca pareceram entender como era possível viver tamanha aventura em meio à rotina profissional estafante.

Durante uma pausa para um café (o terceiro de muitos que me manteriam desperto ao longo do dia), o cliente insiste em falar de futebol. Não esboço muita reação, mas, traído pelo fluxo de pensamento, me flagro revisitando mentalmente os lances da noite anterior e reexaminando fragmentos das mais recentes experiências belo-horizontinas.

1.
2015. AGOSTO. MINEIRÃO
CRUZEIRO 2 × 3 PALMEIRAS

Já fui a um jogo com pneumonia e fiquei prostrado em um canto, o corpo recostado em um pilar da marquise do Pacaembu. Já enfrentei tempestades que me deixaram resfriado por semanas. Já encarei viagens pelo interior com a cabeça explodindo. Já viajei pelo Brasil com um mal-estar que, sob um sol inclemente, ficaria ainda pior. Mas, talvez, o maior sacrifício tenha sido encarar uma viagem até Minas Gerais apenas três dias depois de romper o ligamento do tornozelo — e isso aconteceu ao pisar em falso em um degrau quebrado da escadaria que conduz à praça Charles Miller, no Pacaembu. Compareci a outras tantas arquibancadas com alguma parte do corpo imobilizada, mas tudo se complica longe de casa, com a muleta não sendo bem-vinda em lugares como o estádio ou o aeroporto. E nem o providencial apoio de amigos muda o fato de que eu tive de percorrer — por conta própria e com uma morosidade incomum — a passarela que leva o adversário, em segurança, até o portão de acesso. Não que eu precise encontrar argumentos para justificar atitudes temerárias, mas vários motivos me levaram ao Mineirão mesmo com a limitada capacidade de locomoção. Um bom resumo: a decisão de uma vaga nas quartas de final da Copa do Brasil, contra um duríssimo rival interestadual, foi programada logo para um dia 26 de agosto, aniversário do Palmeiras. Foi uma jornada muito limitante do ponto de vista da experiência torcedora: cantei bem menos do que fiquei sentado, com o pé direito para o alto, apoiado no assento da frente. Ao final, fui presenteado com uma classificação contundente e com a primeira atuação de gala de um menino, Gabriel Jesus, que ali despontava para a glória.

11.
2016. NOVEMBRO. INDEPENDÊNCIA
ATLÉTICO-MG 1 × 1 PALMEIRAS

O comerciante Ronaldo deu o expediente por encerrado tão logo voltou do almoço e seguiu para buscar o filho no colégio. O menino já o esperava no portão, de mochila nas costas e ansiedade estampada no rosto. Pai e filho deixaram Alfenas, no sul de Minas, para o moleque realizar o sonho de ver o time do coração no estádio. Chegaram com certa folga, mas descobriram que não havia mais entradas para o setor visitante. As explicações recebidas em frente ao portão 8 eram controversas: dizia-se que os bilhetes foram todos para São Paulo, mas também que os últimos lugares foram comercializados assim que abriu a bilheteria. Atordoado, Ronaldo acariciava a cabeça do filho para amenizar a tensão: "Se eu soubesse que era tão difícil, não teríamos planejado a viagem e criado tanta expectativa". O menino, na transição da infância para a adolescência, não conseguia esconder o desapontamento. Assim como os dois viajantes de Alfenas, centenas de palmeirenses se esgueiravam pelas acanhadas ruas e ladeiras das imediações, em uma busca desesperada por ingressos salvadores. Poucos conseguiram e, até onde eu acompanhei, não foi o caso de Ronaldo e Danilo. Não sei se foram para um hotel ou se pegaram o caminho de volta para Alfenas, mas gostaria muito que a história deles e de outros tantos amantes do futebol tivesse o devido espaço na mídia. Mas não foi o que aconteceu na cobertura das emissoras de TV: enquanto o menino Danilo lamentava o sonho adiado, calhou de comentaristas e humoristas estarem entretidos com debates sobre um punhado de jogadas irrelevantes, a declaração de um desmiolado e o novo corte de cabelo de um astro internacional.

III.
2017, JULHO. MINEIRÃO
CRUZEIRO 1 × 1 PALMEIRAS

Meu tio Douglas foi a figura encarregada de me levar ao estádio na fase inicial da minha adolescência. No fim dela, foi ele também que arrumou meu primeiro emprego, a declaração de independência para que eu pudesse ir ao campo por conta própria. Dois anos depois, em 1999, meu tio seria pai de um menino, o Victor Hugo. Ele cresceu e, aos onze anos, presenciou uma eliminação traumática no Pacaembu. Acontece que o garoto assistiu a tudo não das cadeiras numeradas às quais o pai estava habituado, mas da arquibancada, ao meu lado. E, mais do que a derrota em si, ele talvez tenha ficado assustado com o primo de quase trinta anos tendo de ser carregado para fora do estádio municipal. Se eu tivesse forças para me erguer, teria balbuciado um apelo desesperado no ouvido daquele menino: "Desista dessa vida enquanto é tempo…". Mas eu não fiz isso e, sete anos depois, meu tio me liga para perguntar se eu poderia levar o Victor, então às portas da maioridade, para um duelo fora de casa, pela Copa do Brasil. "Sim, tio, com o maior prazer". Foi, de fato, um prazer. Mas foi ali também que, aos 36 anos, me peguei flertando com uma precoce crise de meia-idade. Enquanto percorria a passarela do Mineirinho ao Mineirão para conduzir um adolescente à sua primeira eliminação forasteira, percebi que tinha sido promovido na hierarquia familiar. Eu era, agora, o primo experiente de um jovem que, por falta de um conselho em uma noite de 2010, resolveu seguir em frente com tudo isso.

23. ESTRADAS, AEROPORTOS E CONFINS

IV.
2018. MAIO. MINEIRÃO
CRUZEIRO 1 × 0 PALMEIRAS

Reunião complicada logo cedo. A reclamação do cliente faz sentido e resta pouco tempo para os reparos necessários. Tomo um café para arejar a cabeça. Monto um cronograma para dar conta da tarefa. Divido funções entre a equipe e estipulo prazos — com boa margem de segurança. Nada de almoço. Puxo para mim tarefas que seriam de subordinados. Outro cliente entra em crise e preciso resolver de imediato. As entregas começam a chegar e minha missão é consolidar todo o material. Uma parte está OK, outra precisa ser refeita, uma terceira está atrasada. Mais um café. Respiro fundo. São 14h50. Por sorte, o voo sai apenas às 18h45. Ajustes, nova redação, gráficos atualizados. O envio para o cliente acontece às 17h30, antes do combinado. Confiro uma vez mais a situação do voo, ameaçado de cancelamento pela greve dos caminhoneiros. Status: "Confirmado", portão 11. "Pessoal, vou acompanhar tudo remotamente agora no fim do dia, OK?" Metrô. Linha Verde. Linha Azul. Táxi. Atalho para escapar do trânsito no Corredor Norte-Sul. O relógio marca 18h20. Correria pelo saguão e na fila do raio X. Última chamada. Assento 7F, o de (quase) sempre. Consulto o e-mail pela última vez: "Aprovado, ficou ótimo!". Alívio. Decolagem. Sono. Pouso. Rodovia, Pampulha, Mineirão. Atuação sofrível. Nova derrota. Crise. É quase feriado de Corpus Christi e parece que já começaram de novo com a piada dos "porcus tristes". Sem clima para beber ou comer. Estrada de novo. Confins. Hambúrguer, refrigerante e um café. Mais uma noite maldormida. A greve dos caminhoneiros coloca em risco os pousos e decolagens da manhã. Apreensão. O despertador do celular me acorda. O painel atualiza o status do voo das 5h50 para Guarulhos: confirmado. Assento 7F. Sono. São Paulo. Casa. Família. Folga.

RODRIGO BARNESCHI

V.
2018, SETEMBRO. MINEIRÃO
CRUZEIRO 1 × 1 PALMEIRAS

Eu adoro aeroportos. Por ter passado inúmeras madrugadas em bancos desconfortáveis ou no chão de terminais menos estruturados, desenvolvi uma relação de pertencimento com muitos deles. Tenho até uma ideia para um próximo livro: guia de sobrevivência em aeroportos. Conteúdo: como dormir em salas de embarque; como aproveitar qualquer canto em busca de mais conforto; quais são os terminais mais e menos convidativos para quem passa uma noite a esperar um voo. Confins, por exemplo, beneficiou-se muito das recentes obras de expansão e oferece um espaço interno que só não impressiona mais do que os quarenta quilômetros que o separam da capital mineira. Mas esses atributos valem apenas para quem viaja em horários convencionais; o pernoite pode ser desagradável: como o embarque é permitido somente poucas horas antes do voo, o repouso da madrugada fica restrito aos saguões de entrada. E esses corredores internos são diretamente ligados à rodovia por enormes vãos de acesso, permitindo não apenas a livre circulação de pessoas, mas também do frio da madrugada. Um par de noites maldormidas me ensinou a lição e passei a levar uma manta para me proteger da ventania. Restaurantes e quiosques 24 horas têm a vantagem óbvia de oferecer comida e bebida a qualquer momento, mas eu prefiro os que funcionam só nos horários de maior movimento: uma vez fechados, seus sofás e cadeiras conferem mais dignidade ao sono dos viajantes. Se é permitido dormir neles? Bom, eu nunca vi um aviso contrário nem tive meus cochilos interrompidos. Mas percebo agora, enquanto escrevo, que talvez esteja cometendo um erro ao tornar isso público.

VI.
2018. NOVEMBRO. INDEPENDÊNCIA
ATLÉTICO-MG 1 × 1 PALMEIRAS

A vaidade é um pecado incontornável para o viajante do futebol. Entre dezenas de milhões de apaixonados por um clube de massa, poucos têm o privilégio de encarar estradas, aeroportos e confins para participar, ativamente, dos noventa minutos de bola rolando. A presunção emerge em vários momentos da rotina forasteira de um torcedor: quando ele chega a um local desconhecido e se sente a atração principal; quando vê o misto de deslumbramento e medo no olhar de pessoas desconhecidas; quando canta mais alto que a torcida local; e, o mais comum, quando retorna para casa depois de buscar um resultado positivo em outra cidade. Ao desembarcar em Congonhas ou Guarulhos como portador das boas-novas alcançadas em território hostil, admito que muitas vezes fui aliciado pela soberba. O peito estufado, a cabeça erguida e um certo olhar de superioridade só são compreensíveis porque acompanhados de adereços muito característicos e nada discretos: calça, camisa, jaqueta, boné, o que for possível. O figurino é chamativo, mais ainda quando em grupos maiores, e sintomático da convicção de estar fazendo algo impensável para a quase totalidade dos entusiastas do futebol. Sei que muita gente já se incomodou com minhas palavras e com uma certa exacerbação do orgulho de não apenas presenciar a história acontecendo, mas sim de fazê-la acontecer. Peço desculpas pelas situações em que ultrapassei o limite do aceitável, mas, diante do esforço e das renúncias para buscar um empate providencial para o título brasileiro, cair em tentação é inevitável.

VII.
2019. JULHO. CONFINS
PONTE AÉREA BELO HORIZONTE-PATAGÔNIA

Libertadores, oitavas de final, jogo de volta no Mineirão. O Cruzeiro é eliminado pelo River Plate em uma terça à noite. Na quarta cedo, vou à capital mineira a trabalho. Ao desembarcar em Confins, me deparo com dezenas de argentinos, insones e felizes, que aguardam o voo de volta. Passo o dia na cidade e, muitas reuniões depois, volto para o terminal no fim da tarde. Encontro, ainda, muitos *millonarios*. Entre esses tantos, converso com dois irmãos vindos de General Roca, na Patagônia argentina. A despeito do destino longínquo, eles embarcariam no mesmo voo que eu, de Belo Horizonte para Congonhas. Atenção para o roteiro que os dois teriam de cumprir no regresso ao extremo sul do continente:

#1: Belo Horizonte/Confins —> São Paulo/Congonhas (aéreo);
#2: São Paulo/Congonhas —> São Paulo/Guarulhos (terrestre);
#3: São Paulo/Guarulhos —> Buenos Aires/Ezeiza (aéreo);
#4: Buenos Aires/Ezeiza —> Córdoba (aéreo);
#5: Córdoba —> Neuquén (aéreo);
#6: Neuquén —> General Roca (terrestre).

Os sujeitos haviam deixado General Roca, a 45 quilômetros de Neuquén (capital da província de mesmo nome) no domingo anterior, para chegar a Belo Horizonte somente na terça, dia do jogo. E, na quarta à noite, estavam prestes a encarar uma viagem que só iria terminar na noite do dia seguinte, quinta-feira. Ao todo, cinco dias inteiros na estrada ou algo do tipo.

Diante da façanha, percebi que todas as minhas pretensas epopeias logísticas pelo Brasil e pela América Latina eram por demais corriqueiras, quase sempre com voos diretos da maior metrópole do hemisfério sul, sem a necessidade de conexões ou escalas. A abnegação dos dois reforçou, dentro de mim, a sensação de desalento do torcedor visitante, com suas necessidades e seus direitos ignorados por quem organiza os campeonatos. Afinal, bastaria uma canetada de um executivo engravatado de uma emissora de TV para alterar o dia do jogo e anular toda a programação dos irmãos da Patagônia.

VIII.
2019, DEZEMBRO. MINEIRÃO
CRUZEIRO 0 × 2 PALMEIRAS

Mochila pronta. Tudo combinado para pegar a rodovia Fernão Dias na manhã seguinte. São 17h30 de sábado e vem, de Minas, a decisão judicial que acaba com todos os planos: a partida das 17h de domingo será disputada com torcida única, sem venda de ingressos para visitantes. A pretexto de evitar um fantasioso confronto entre alviverdes e celestes, uma batalha de liminares se desenrolou durante a semana e, após muitas idas e vindas, o resultado foi conhecido a menos de 24 horas do encontro. O desfecho foi o esperado pelo Ministério Público — que faz do futebol um refém desde 1995 —, com a complacência de magistrados locais, dos dois clubes, da Confederação Brasileira de Futebol (CBF), da Federação Mineira de Futebol (FMF) e da imprensa. E, por interferência de todos esses personagens, isso é tudo o que pode ser escrito sobre a tarde em que o Palmeiras decretou o rebaixamento do Cruzeiro para a Série B do Campeonato Brasileiro.

24. ARAPUCA FEDERAL
MANÉ GARRINCHA, BRASÍLIA, 2016-2019

Em *Calcio* (2007), o inglês John Foot narra o episódio em que apoiadores do Genoa e do Bologna entraram em conflito na estação de trem da cidade de Turim, depois de uma partida decisiva em campo neutro. Tiros foram disparados, torcedores ficaram feridos e, para dar uma resposta à indignada opinião pública, a federação local decidiu marcar um novo duelo, igualmente em território imparcial, mas com portões fechados. Os incidentes relatados no livro, que é uma espécie de biografia do futebol italiano, remontam a 1925.

Faço questão de sublinhar ano e local para mostrar a jornalistas esportivos, comentaristas e eventuais palpiteiros que a violência entre rivais: a) não é um fenômeno recente; b) não é exclusividade do Brasil; c) tem motivações que vão muito além das apregoadas pelo senso comum; e d) é incompreendida pelas autoridades de hoje tanto quanto um século atrás.

Note-se, no caso em questão, que, diante de uma situação de descontrole, o Estado tomou uma providência que é adotada ainda hoje: portões fechados e longe da sede do clube mandante. Tal dispositivo mostra-se inócuo para coibir a violência no Brasil atual assim como havia sido ineficaz na Itália de 1925. Observa-se, lá e cá, a tendência a transferir ou rechaçar responsabilidades — e certa indisposição para entender a complexidade do fenômeno e definir políticas públicas de prevenção e enfrentamento.

Três décadas de arquibancada me permitiriam escrever um longo tratado sobre o assunto, sobre o papel da mídia esportiva, sobre o descaso das autoridades, sobre os impactos disso tudo para as próprias torcidas. Não é bem o propósito desta obra e, a título de contextualização (e para não escapar da temática), vou me debruçar sobre um conjunto bem específico de episódios que evidenciam o quanto a culpa por confrontos entre torcedores não deve ser creditada somente aos brigões.

Os episódios dizem respeito a encontros entre grandes clubes cariocas e paulistas na capital federal. Tais clássicos, envolvendo agremiações das duas maiores metrópoles brasileiras, foram disputados em Brasília por motivos comerciais ou pela indisponibilidade de estádios no Rio de Janeiro. O epicentro é a vitória por 2 a 1 do Palmeiras sobre o Flamengo, em 2016, mas vale destacar também outros dois confrontos (um de 2016 e um de 2019), além de uma breve regressão a 2013. Comecemos pelo mais distante deles.

1.
2013, AGOSTO
VASCO 1 × 1 CORINTHIANS

Os apoiadores de Corinthians e Vasco se odeiam. Há quem possa proclamar essa como a mais explosiva rivalidade interestadual do país. Cabe, portanto, aos órgãos de segurança pública tomar as providências necessárias para garantir o distanciamento entre eles. Isso é observado em São Januário, no Maracanã, em Itaquera ou no Pacaembu. Apesar de todas as precauções, a história está repleta de brigas sangrentas.

Eis que uma partida entre as duas agremiações foi programada para Brasília, em um palco recém-inaugurado, e os organizadores decidiram ser dispensável toda a parafernália de segurança: não houve separação física em nenhum setor e sequer estabeleceu-se o lado preferencial para uma torcida ou outra. Resultado: livres para circular em um espaço desconhecido, corintianos e vascaínos trocaram socos e pontapés no setor superior do Mané Garrincha.

Não obstante a falha de origem, a opinião pública, tendo a mídia como agente incendiário, reagiu aos acontecimentos de modo irreflexivo, quase preguiçoso: "cenas lamentáveis", "vândalos travestidos de torcedores", "é preciso acabar com as torcidas organizadas", "precisamos trazer as famílias de volta". Uma profusão do mais rasteiro senso comum e de frases feitas há décadas, além de total incapacidade de entender o ocorrido e atribuir responsabilidades a quem de direito.

Em nome de uma hipócrita e impraticável civilidade, os promotores da partida ignoraram décadas de ódio recíproco e assumiram um risco enorme, mas escaparam do ônus de qualquer julgamento. Os torcedores, por sua vez, foram punidos em dose tripla, com suspensão de direitos, com os respectivos clubes perdendo mandos de campo e com a consolidação de uma agenda que procura marginalizar as entidades envolvidas naquela briga e, por extensão, em todas as demais.

11.
2016, JUNHO
FLAMENGO 1 × 2 PALMEIRAS

O Flamengo é o clube mais popular do Brasil não exatamente pela superioridade acachapante em seu estado, mas, justificando o epíteto "nação rubro-negra", pela supremacia de seus aficionados em quatro das cinco regiões do país. No Centro-Oeste, com pouca tradição futebolística, isso fica ainda mais nítido, com Brasília sendo quase uma segunda casa flamenguista. Foi, portanto, com enorme surpresa que os cariocas constataram a invasão alviverde no clássico entre as duas equipes no estádio Mané Garrincha. Não que os palestrinos tenham sido maioria, mas quase isso: o verde era a cor de cerca de 25 mil dos 55 mil presentes.

O policiamento local e os promotores do espetáculo tiveram três anos para definir um esquema de segurança capaz de receber duas torcidas que igualmente se odeiam, mas nada fizeram. Como consequência, uma briga de proporções ainda maiores tomou conta das áreas de circulação do setor superior — que, mais barato, recebe as organizadas. O enfrentamento deixou dezenas de feridos, alguns em estado grave, e colocou o que aconteceu dentro das quatro linhas em segundo plano. O fato gerador do conflito? Simples: a insistência em querer manter sem qualquer tipo de isolamento dois grupos que não podem conviver em um mesmo espaço.

É exatamente aqui que eu imagino o questionamento de algum leitor: os torcedores não podem se comportar pacificamente e conviver com rivais sem partir para o enfrentamento?

Eu respondo: não, não podem. Rivalidades futebolísticas são explosivas no Brasil, em qualquer país da Europa, por todas as Américas, na Ásia ou na África, em todas as partes do mundo em que o esporte desperta paixões e ódios. Não se pode esperar que rusgas (por vezes centenárias) sejam ignoradas — tanto quanto as motivações por trás delas.

O distanciamento de grupos adversários é procedimento inegociável em qualquer parte do mundo, ocorrendo dentro do estádio e fora dele, nas vias de acesso, nas cercanias da praça esportiva, nos espaços de circulação. Em Brasília, a negligência dos promotores ignorou premissas básicas de segurança, colocou em risco milhares de pessoas e provocou brigas antes, durante e depois do duelo.

Sinto dizer que a hipocrisia tão decantada por comentaristas e por palpiteiros sem vivência de arquibancada ("os torcedores precisam conviver em paz", "o futebol é festa, não violência") não resiste a cinco minutos de realidade. Torcidas rivais, se não forem devidamente escoltadas e apartadas, irão se enfrentar em qualquer oportunidade, por menor que seja. Faz parte da natureza humana, e é assim no mundo todo desde que se criou um esporte movido a antagonismos.

A cobertura da imprensa esportiva foi, para ser cordial, indigente — a exemplo do ocorrido três anos antes: em vez de atacar a decisão temerária de não separar o público em um estádio propício a enfrentamentos e em uma cidade de espaços tão amplos e despreparada para lidar com conflitos de massa, a mídia atacou os alvos de sempre: os torcedores. Basta rever as frases feitas e os chavões apresentados no relato anterior (Vasco × Corinthians) e reproduzi-los aqui.

O descuido dos responsáveis pelo evento quase não foi destacado na cobertura noticiosa, e o Superior Tribunal de Justiça Desportiva (STJD) se esmerou na aplicação das penas: inventou uma punição alternativa para os clubes (redução da capacidade dos respectivos estádios), com dosagem desproporcional (o Palmeiras, que não pôde ter a presença de suas organizadas por cinco jogos dentro de casa, recebeu uma punição maior que o Flamengo, responsável pela organização e impedido de ter suas organizadas por três partidas como mandante), além de proibir que as duas torcidas fossem a jogos longe de suas cidades (e aqui, mais uma vez, a pena aplicada aos palmeirenses foi inexplicavelmente maior: cinco contra três, de novo).

Quatro anos depois, em setembro de 2020, o Tribunal de Justiça do DF e dos Territórios (TJDFT) reconheceu as falhas graves de segurança e aplicou uma multa de R$ 282.856,50 por danos morais coletivos ao

Flamengo e à Federação de Futebol do Distrito Federal.[6] A justificativa? "Garantir a responsabilização dos organizadores da partida, que não adotaram as medidas necessárias para a segurança dos torcedores".

Tarde demais: tendo passado alguns anos, a decisão judicial quase não foi notada; em compensação, os promotores de clássicos em Brasília nunca deixaram de lado a negligência que levou a uma série de conflitos evitáveis e à punição de clubes e torcedores.

---

[6] Justiça do DF condena Flamengo e Federação local por briga no Mané Garrincha em 2016. *Globoesporte.com*, Brasília, 2 de setembro de 2020. Disponível em: https://globoesporte.globo.com/df/noticia/justica-do-df-condena-flamengo-e-federacao-local-por-briga-no-mane-garrincha-em-2016.ghtml.

III.
2016, AGOSTO
FLUMINENSE 0 × 2 PALMEIRAS
2019, MAIO
BOTAFOGO 0 × 1 PALMEIRAS

Transcorridos dois meses desde a briga com os flamenguistas, os palmeirenses voltaram ao Mané Garrincha, desta vez para enfrentar o Fluminense. Quase três anos depois, nova ida à capital federal, então para duelar com outro carioca, o Botafogo. Em ambos os casos, o visitante venceu dentro e fora de campo, com sua coletividade suplantando a dos pretensos mandantes na proporção de 3 por 1 (75% × 25%).

Em ambas as ocasiões, insistiu-se em duas práticas: ingressos a preços elevados (o que contribuiu para afastar o público — 12.037 e 33.143 pagantes, respectivamente) e ausência de divisão entre os torcedores ditos "comuns" — na falta de termo melhor, apelo para a nomenclatura mais usual. Uma única coisa mudou em função dos incidentes de Flamengo 1 × 2 Palmeiras: as torcidas organizadas foram confinadas em setores de circulação restrita, cercados por divisórias. Para acessar tais locais, era preciso seguir, horas antes, até uma cidade-satélite de Brasília, para se integrar ao ajuntamento vindo de outros estados.

Resultado: os espaços exclusivos ficaram esvaziados, amigos e familiares foram separados de maneira arbitrária e, com a desmobilização das organizadas, o ambiente dentro do estádio ficou um tanto estéril. Isso não impediu pequenos desentendimentos entre rivais. Tudo evitável, se fossem seguidos procedimentos elementares: uma torcida de cada lado, com algum tipo de elemento físico a separá-las, e acessos diferenciados, aproveitando a extensa esplanada que só Brasília pode oferecer.

Diante de tudo isso, cabe a pergunta: quem são, afinal, os tão mencionados promotores dos clássicos interestaduais em Brasília? Vale uma resposta mais abrangente: foram criadas, na esteira da Copa do Mundo de 2014, uma série de empresas especializadas em comprar mandos (especialmente dos jogos de clubes menos expressivos), para lucrar com a arrecadação. Ao renunciar ao seu direito — e à vantagem técnica que dele decorre —, a agremiação tem suas despesas pagas pelo contratante e assegura uma receita superior à que teria em seus domínios.

Brasília, Cuiabá, Londrina e Manaus tornaram-se as praças mais atrativas para esse tipo de negociação — e a própria CBF interveio para coibir a inversão de mandos. No caso específico da capital federal, a empresa mais atuante pertence a um ex-atleta de relativa fama em clubes cariocas. Pouco antes do Botafogo 0 × 1 Palmeiras em maio de 2019, o ex-atacante foi detido em seu camarote, sob acusação de fraudar borderôs financeiros, a pretexto de sonegar impostos. O presidente da Federação de Futebol do Distrito Federal, que estava com ele e desfrutava do mesmo camarote, também foi preso.

25. BATALHA CAMPAL
CAMPEÓN DEL SIGLO, MONTEVIDÉU, 2017

A briga dentro de campo incendeia a arquibancada. Eles são dezenas de milhares, são os donos da casa e querem nos trucidar. Somos poucas centenas, estrangeiros e sem proteção policial. Uma garrafa térmica passa bem perto da cabeça de um senhor de idade e se estraçalha no concreto da arquibancada. Depois, uma cuia de chimarrão acerta as costas de um desatento torcedor. O revide é rápido, e a tampa de uma lixeira voa até o outro lado. Não demora muito e logo somos alvejados por pedaços de metal, pequenas pedras e tábuas de madeira.

O palmeirense em Montevidéu foi da desolação com o 2 a 0 contrário na etapa inicial à euforia com a virada para 3 a 2. E foi do festejo pela vitória à apreensão com a batalha que eclipsou o jogo. Há quem possa ter pesadelos ao lembrar da sequência de eventos que colocou vidas em risco; mas há também quem possa ter vivido uma noite gloriosa em meio a tamanha adrenalina.

De um jeito ou de outro, nada nos preparou para o que aconteceria ao término da partida, válida pela fase de grupos da Libertadores. Ao contrário do que fazem crer as imagens da noite na capital uruguaia, o ambiente durante o dia não era necessariamente ameaçador; não que fosse amistoso, mas havia respeito entre aficionados de dois gigantes sul-americanos igualmente conhecidos como "campeão do século".

Difícil explicar como a situação desandou tanto, a não ser pelo óbvio crédito que deve ser conferido a um pronunciamento aleatório do volante Felipe Melo: "Se tiver que jogar no Uruguai e dar tapa na cara de uruguaio, vou dar tapa na cara de uruguaio".[7] A declaração, feita meses antes, em sua apresentação como reforço alviverde, foi muito explorada pela imprensa local e inflamou os ânimos.

Antes de seguir adiante, uma breve contextualização climática, arquitetônica, urbanística e geográfica.

Fazia muito frio naquele abril de 2017 — e note-se, pois, que há algo de peculiar na noite fria de Montevidéu, se comparada às outras metrópoles sul-americanas na mesma latitude. É como se o vento que sopra do rio-oceano da Prata fizesse do frio montevideano um tanto mais cortante do que o experimentado em Buenos Aires ou Santiago.

O Campeón del Siglo, casa do Peñarol, é contemporâneo das arenas brasileiras da Copa do Mundo de 2014, mas foi construído com a dignidade que se espera de um estádio de futebol: cimento aparente, sem cadeiras nos setores populares, sem mármore nos banheiros, sem afetações. Ainda que erguido em tempos tão modernos, é uma cancha à moda antiga.

A localização é o ponto crítico: fica às margens de uma via perimetral, fora da zona urbana e em uma região desabitada, na qual predominam complexos industriais e terrenos descampados. Em certa medida, pode-se estabelecer uma comparação com a subutilizada — por conta, exatamente, da dificuldade de acesso — Arena Pernambuco, já fora de Recife.

Tivemos de nos locomover em um comboio de ônibus e vans que saiu cedo do centro da cidade. O portão de acesso para os visitantes fica na tal via perimetral. Não existem bares ou estabelecimentos comerciais,

---

[7] F. Melo ataca imprensa e diz: "Se tiver que dar porrada em campo, vou dar". *UOL*, 17 de janeiro de 2017. Disponível em: https://www.uol.com.br/esporte/futebol/ultimas-noticias/2017/01/17/felipe-melo-quebra-protocolo-e-diz-se-tiver-que-dar-porrada-vou-dar.htm.

nem ambulantes. Como sequer há espaço para ficar às margens da rodovia e com os mandantes chegando em grande número, não resta opção que não seja girar a catraca duas horas antes do apito inicial.

O estádio vai sendo ocupado aos poucos: faixas e bandeiras posicionadas, *trapos* acumulando-se nos setores mais populares, instrumentos de percussão bem atrás do gol oposto, os primeiros cantos. Para comer, uma lanchonete com preços claramente inflacionados pelos funcionários — um refrigerante era vendido por cerca de R$ 20,00. Com o local vigiado não pela polícia, mas por seguranças particulares, não havia com quem reclamar. Eis aí um ponto central para entender o que ocorreria nas horas seguintes: o aparato de segurança e controle de multidões no lado interno é realizado por profissionais contratados pelo próprio Peñarol.

O confronto entre torcedores e agentes particulares, que envolveu, mais para o final, também o policiamento, pode ser narrado em três etapas.

ATO 1. BOMBAS, RACISMO E OMISSÃO

O time da casa abre 2 a 0 na etapa inicial, e surgem as primeiras fagulhas com ofensas raciais, proferidas por uruguaios, na divisa entre as torcidas — além das grades, não mais do que oito metros separam os dois lados. Mas a tensão se agrava com duas bombas atiradas contra os torcedores brasileiros. Ninguém se fere, mas um dos artefatos estoura no chão e os palmeirenses vão cobrar providências dos seguranças de coletes laranjas.

Eles nada fazem, e o intervalo é uma prévia do que viria a acontecer após o apito final. Os atritos ocorrem especialmente no setor inferior, onde se concentra a maior parte dos visitantes, incluindo as torcidas organizadas. Alviverdes e *carboneros* trocam ofensas abaixo do segundo lance de arquibancada, perto dos banheiros, e pequenos objetos são lançados de parte a parte. Omisso, o efetivo de segurança não toma qualquer providência para evitar um confronto mais sério.

25. BATALHA CAMPAL

ATO 2. O SOCO, A REBELIÃO E OS HERÓIS

A equipe brasileira busca a virada por 3 a 2 e praticamente sepulta as chances de classificação do Peñarol. Os atletas derrotados não reagem bem e vão tirar satisfação com Felipe Melo — não pelo jogo em si, mas pela frase infeliz de meses antes. O atleta recua o quanto pode, trotando de costas em direção ao canto onde está a torcida palmeirense. Ao perceber que ficaria encurralado, encara seu perseguidor mais próximo e desfere um soco. É a senha para o início da pancadaria — dentro e fora de campo.

O entrevero no gramado se resolve até que rapidamente, mas tudo se complica nas tribunas. A analogia mais precisa que consigo estabelecer é com uma rebelião. Os torcedores locais perdem a cabeça e passam a atacar um grupo de estrangeiros como se fossem rivais locais. Não é premeditado; é irracional, selvagem e inconsequente.

Os *carboneros* passam a atirar todo tipo de objeto: apetrechos para tomar chimarrão, lixeiras, pedras, pedaços de metal, grades de proteção, tábuas de madeira, torneiras, o diabo. E, claro, os objetos vêm, voltam e logo vêm outra vez, em uma troca infindável. Pior: os seguranças, isolados entre os grupos, nada fazem para coibir os arremessos e ainda auxiliam o público local com o repasse de objetos.

Pelo efeito midiático, afinal as imagens serão reproduzidas incessantemente nos dias seguintes, nada tem tanto peso para ilustrar a batalha campal de Montevidéu quanto o confronto entre brasileiros e uruguaios no trecho entre as grades que separam cada um dos grupos. São dois os portões que permanecem — ou deveriam permanecer — fechados, funcionando como comportas. No calor da confusão, tais barreiras são vencidas e a briga tem seu epicentro no cimento da arquibancada.

Primeiro, não mais do que trinta palmeirenses invadem o espaço dos mandantes e os colocam para correr. Qualquer pessoa que entende minimamente de briga de torcida sabe que a melhor forma de vencer um combate, estando em minoria, é o ataque, provocando a debandada do oponente. Mas então vem o troco da maioria — alguns dos quais já deixando a cancha —, e os brasileiros são obrigados a recuar.

Reside aqui a primeira demonstração de heroísmo: não mais do que uma dúzia de torcedores segura, no braço, um portão que, se vencido, daria passagem a um bando de uruguaios ensandecidos, colocando em risco mulheres, idosos, crianças, gente que nunca na vida pensou em brigar. É o tipo de situação que, muitas vezes, formadores de opinião com olhar viciado sobre o tema não conseguem entender: que um pequeno grupo de organizados, na base da troca de socos, resiste bravamente e evita a passagem de estrangeiros enfurecidos.

Sangue é derramado, cusparadas vêm de todos os lados, braços e pernas são alvejados por todo tipo de material. Mas o pequeno grupo resiste e segura o portão para evitar uma tragédia.

ATO 3. LEVANTE, BARRICADAS E RESISTÊNCIA

O que está descrito anteriormente a televisão mostra. O que só pode ser visto por quem está no Campeón del Siglo é que, pelo lado de fora, uma horda força os portões e se engalfinha com a polícia local para tentar invadir o setor visitante. E ali o risco é maior pela quantidade de gente, pelo risco de sermos encurralados e por terem se juntado ao levante também os torcedores mais aguerridos, da Barra Amsterdam, a *barra brava* do Peñarol.

O efetivo policial do lado externo é mínimo, e os uruguaios têm certa facilidade para derrubar as grades de proteção que separam o alambrado do estádio da via perimetral, no momento destinada a garantir a dispersão do público. Derrubados os poucos policiais que se colocaram em posição de combate, dezenas de pessoas tentam saltar o alambrado, a última barreira de contenção a nos separar de um massacre.

Também ali a atuação dos torcedores organizados é determinante. Eles formam barricadas com grades e divisórias originalmente utilizadas para controle de acesso do público. Pedras, garrafas e pedaços de ferro são arremessados de fora para dentro e quase imediatamente devolvidos. Alguns *carboneros* chegaram a pular este último alambrado, mas não em quantidade suficiente para uma invasão.

Após intermináveis minutos, a fúria dos locais só esfria com a chegada do policiamento de choque.

RASTROS DE ÓDIO

Como precaução, para garantir a evacuação das cercanias, temos de aguardar uma hora e quarenta minutos depois do apito final para poder deixar o local. Durante todo esse tempo, presos no Campeón del Siglo, com frio e sem ter o que comer ou beber, lidamos com parentes e amigos no Brasil desesperados atrás de notícias. Com celulares descarregados ou desconectados, muitos torcedores recorrem a companheiros de arquibancada para dar notícias e tranquilizar os familiares.

Há, também, o receio de possíveis emboscadas nos quase vinte quilômetros até o centro de Montevidéu. Como se não bastasse, o avançar das horas coloca em risco até mesmo a programação da viagem de volta. Afinal, muitos ali devem regressar ao Brasil no primeiro voo da madrugada, às 5h15, e ainda era preciso passar no hotel, na região central, antes de partir em direção ao aeroporto de Carrasco, bem próximo do estádio.

Na saída, pedras, pedaços de pau e barras de ferro por todos os lados. As grades móveis utilizadas para organizar a entrada estão todas derrubadas, algumas danificadas. Há manchas de sangue pelo chão e viaturas policiais por todos os lados, com seus *giroflexes* acionados, que endossam o clima de tensão no ar.

Acompanhada de escolta policial reforçada, a caravana segue com tranquilidade até a avenida 18 de Julio, de onde os grupos vão se dispersando, já no meio da madrugada.

Nem de longe eu coloco Felipe Melo no panteão dos meus ídolos no futebol. Sequer o considero merecedor do meu respeito, inclusive por divergirmos frontalmente quando se trata de arcabouço civilizatório. Mas devo aqui registrar minha gratidão incondicional ao polêmico volante/zagueiro pelo que vivi em Montevidéu em uma noite fria de 2017.

26. O SILÊNCIO DOS IMPEDIDOS
PALESTRA ITÁLIA, SÃO PAULO, 2018

O bandeirão da Mancha Verde cobre toda a ferradura do Gol Norte, tornando quase insuportável o calor dos corpos que, abaixo dele, se movem. Ali e em todos os demais setores, euforia é o sentimento prevalente entre os 41.227 pagantes que estabelecem novo recorde de público na casa palmeirense: o Palmeiras é superior, venceu o jogo de ida longe de seus domínios e precisa apenas administrar a vantagem para ser campeão paulista pela primeira vez em uma década.

De repente, silêncio.

Um silêncio perturbador e que, por paradoxal que seja, pôde ser ouvido por seis mil pessoas, cujas cabeças estavam cobertas pelo bandeirão. Um silêncio que faz cessar toda a cantoria, interrompe a batida seca dos surdos da bateria, dissipa a vibração.

Olha-se para os lados. Procura-se os que estão com fones de ouvido. Busca-se uma explicação para a quietude que invade a festa. A pergunta que se deve fazer é tão amedrontadora que não acontece. Pesarosa, a resposta se antecipa à dúvida e, igualmente, dispensa palavras: bastam o olhar atônito e a cabeça que se reclina para baixo. Alguém toma coragem e diz o indizível: gol dos caras.

Não são caras quaisquer. São os caras que representam o outro lado do clássico mais simbólico da metrópole, são os rivais históricos, são os oponentes a quem se ama odiar.

Receoso, o bandeirão recolhe-se aos poucos. Tarda-se a recuperar a consciência. A bola está no círculo central, esperando pelo reinício da partida. Os jogadores rivais se abraçam, voltam para seu próprio campo com o trote presunçoso de quem acaba de ir às redes. O olhar de quem está no Gol Norte se dirige para o outro lado do estádio, a esquina sudeste do piso superior, usualmente ocupada pelos forasteiros.

Vem dali o silêncio que substitui o estrondo paralisante, o som que deveria acompanhar o gol do maior rival em um clássico. Só há gente de verde onde deveria estar a massa que veste preto e branco. Não há torcida visitante. Não existe o outro. Há, isso sim, um ambiente monocromático que nega a existência do diferente.

É o silêncio de mais um gol sufocado pelas autoridades.

Não foi, é necessário dizer, a primeira vez. Outros clássicos com torcida única já haviam sido disputados, mas nunca com um silêncio tão nítido. Sem vozes rivais a ecoar pela zona oeste, perde-se até a capacidade de reação. Não há quem xingar ou com quem competir, não faz sentido amaldiçoar os que vestem preto e branco diante da televisão.

O silêncio dos impedidos tem o efeito imprevisto de levar para o campo todos os fantasmas de insucessos anteriores. E eles, os fantasmas, decidem o duelo.

Falta o que define um clássico: o confronto entre rivais, a batalha de cantos, a festa de um lado que eclipsa o sofrimento do outro — ou vice-versa, conforme o caso.

O Corinthians vence no tempo normal, derruba a vantagem do mandante e triunfa também nos pênaltis. São quatro os tentos anotados por atletas corintianos nas cobranças a partir da linha dos nove metros. Todos acompanhados de um silêncio que se mistura à bruma que parece tomar conta dos grandes estádios em momentos decisivos.

Um silêncio constrangedor, sintomático da falência do Estado. Um silêncio que permite escutar o impacto da chuteira contra a bola, que faz ressoar por todos os cantos o chute que explode no travessão, que torna estridente o apito do árbitro. Um silêncio covarde, cruel, criminoso.

É campeão o Corinthians na casa de seu maior rival e seus jogadores não têm com quem festejar. Minha memória daquele momento não é nada clara, e tenho para mim — ou criei uma realidade alternativa — que correm atônitos e sem rumo, de um lado para o outro, assoberbados diante da multidão que, incrédula e indignada, busca forças para abandonar o estádio.

De minha parte, devo confessar que o bandeirão me poupou de ver o gol fortuito que mudou a sorte da final. Não vi durante o jogo e não vi em tempo algum. Não tenho ideia de como foi, e sei o nome do autor apenas porque a informação percorreu todo o Gol Norte.

Mas o bandeirão não pôde me poupar do restante e, peço que acredite em mim, talvez a pior parte tenha sido a sensação de deixar o Palestra com um título jogado no lixo sem poder ouvir o som do adversário no canto oposto. Porque meu caráter foi forjado mais pela dor de ver outros festejando do que pela alegria das minhas comemorações. E, por não haver o barulho do outro lado, foi como se a derrota não tivesse se consumado, como se algo tivesse faltado para o terror daquela tarde de domingo deixar um efeito indelével em minha alma.

Pouco mais de dois anos depois, em agosto de 2020, Palmeiras e Corinthians fazem nova final do Campeonato Paulista, outra vez com a segunda partida disputada na arena alviverde. Se, em 2018, os corintianos foram alijados do palco da decisão, em 2020 foi a vez de uma pandemia impedir a presença de quaisquer torcedores na arquibancada, fossem eles mandantes ou visitantes. O Palmeiras leva o título também nas cobranças de pênalti, porém, uma vez mais, faz-se o silêncio.

27. NOITES PORTENHAS
LA BOMBONERA, BUENOS AIRES, 2018

De tão estreitos os degraus, não sobra espaço para mudar a posição dos pés, e eles ficam presos entre as nádegas dos torcedores que se comprimem nos degraus abaixo. Meia hora se passou desde o apito final, mas a segunda bandeja norte de La Bombonera segue pulsando, provocando, no lado sul do estádio, um ligeiro tremor estrutural e um abalo sísmico na esperança de quem acaba de sofrer uma derrota por 2 a 0, no jogo de abertura da semifinal da Libertadores.

Os *bombos de murga* de La 12 ecoam às margens do Riachuelo, como se convocados a tripudiar dos dois mil estrangeiros que tomam a terceira bandeja do canto oposto. A *barra brava* do Boca sabe que os visitantes não podem sair até que aconteça a dispersão de cinquenta mil pessoas e aproveita a plateia para exibir seu repertório. Para quem vem de fora, as músicas se sucedem como em um show de horrores.

É outubro em Buenos Aires e um apagão de quatro minutos parece ter colocado um ponto-final na trajetória alviverde na Libertadores.

Seis meses antes, pela fase de grupos, os palestrinos ocuparam o mesmo espaço da mítica cancha portenha e vibraram com o marcador inverso: o 2 a 0 assegurou a classificação antecipada e foi a vitória mais dilatada de um estrangeiro em La Bombonera na história do torneio continental. O problema é que o Boca se recuperou — pois o Boca sempre se recupera — e, graças a uma combinação de resultados que incluiu um triunfo do Palmeiras na rodada final, escapou da eliminação precoce e avançou até o reencontro na semifinal.

É de se esperar que o torcedor disposto a viajar até outro país atrás de onze camisas seja do tipo que não vá esmorecer por pouca coisa. Mas, no exato momento em que La 12 entoa *"Boca mi vida es alegria"*, a capacidade de reação do palmeirense é quase nula. Nada está resolvido, é verdade, mas o sujeito com o pé imobilizado entre traseiros alheios e degraus apertados não consegue esconder o semblante derrotado, sentindo-se responsável por levar, de volta ao Brasil, um time já moribundo.

Calejado, o torcedor recua quase duas décadas no tempo, até o biênio 2000/2001, quando empates satisfatórios em Buenos Aires se somaram a novas igualdades em São Paulo, para resultar em cobranças decisivas a partir da marca da cal. Em ambas, o Boca impediu o bicampeonato alviverde: na final de 2000, no Morumbi, e na semifinal de 2001, no Palestra Itália. Se tais foram os desfechos após dois (ótimos) empates em território hostil, o que pensar de uma derrota por dois gols?

Entre o paredão de camarotes e as tribunas azuis e amarelas, o olhar forasteiro se perde em algum ponto do gramado. Ele revê as defesas de Córdoba, o rosto anguloso de Martín Palermo, os irmãos Schelotto, o passeio de Riquelme, as arbitragens desastrosas de 2001, um amontoado de camisas *xeneizes* a decretar eliminações doloridas. E vê, por fim, o Benedetto de duas oportunidades convertidas em gol nos minutos finais.

Àquela altura, nem parece que, poucas horas antes, o torcedor sentiu-se no auge de sua vida ao percorrer, em caravana de mais de quarenta ônibus, as amplas avenidas de Puerto Madero e do Microcentro, até a 9 de Julio mudar de nome, já em direção aos subúrbios da capital argentina. Enquanto a autopista 25 de Mayo e a Plaza Constitución ficavam para trás, o retrovisor do velho Mercedes tinha espaço para tímidas gotas de chuva e mais todos os veículos que formavam o comboio.

Tampouco parece ser o mesmo aficionado que, já nas cercanias do estádio, caminhou tão confiante pelas ruas estreitas — e (bem) isoladas pelo policiamento — de La Boca, com direito a garrafas de cerveja Quilmes, *choripanes* e *panchos* saídos diretamente de fogões e geladeiras dos moradores do bairro. Ou o tipo que passou o dia entre *parrillas*, vinhos, *dulces de leche* e cafés, flanando por uma Buenos Aires da qual se sente íntimo.

De repente, a tortura imposta por La 12 faz o sujeito questionar suas atitudes pregressas. Ele lamenta ter tripudiado dos *xeneizes* em abril e até se envergonha por ter conferido àquele triunfo um caráter de pequena vingança pelas seguidas derrotas no início do século. Lembra, o brasileiro, de ter ficado eufórico ao se perceber calando o público local e agora se arrepende, pois cada argentino do outro lado parece também se lembrar daquilo. Apenas para dar o troco seis meses depois.

O revide agora vem não apenas da tribuna popular, mas também dos camarotes à direita. Palavras, gestos e dancinhas se alternam e, quando muito, o constrangido palestrino reage timidamente com seu xingamento preferido: "¡*Putos!*" Diante de tamanha algazarra, ele lamenta, secretamente, ter festejado os três gols diante do Junior Barranquilla que, na última rodada da fase de grupos, permitiram a classificação da equipe argentina.

Alguém se levanta no degrau logo abaixo, e abre-se espaço para a movimentação de um dos pés, o esquerdo. Não muito, mas o suficiente para evitar uma câimbra. Ainda sem poder se sentar, mas apoiado em um *paravalancha*, o tipo enxerga alguns edifícios com janelas acesas no horizonte e põe-se a pensar nas interações que teve, ao longo do dia, com torcedores de outros clubes argentinos.

As palavras de incentivo pulam de sua mente e deslizam pelo campo de visão, tal qual efeitos especiais de um filme, com exclamações invertidas e tudo mais. "¡*Los bosteros son los más amargos!*" O apoio incondicional de outros aficionados resultou em nada, como se o grupo de jogadores tivesse traído a confiança que nele foi depositada.

A madrugada adentra a cancha do Boca e dela não há como fugir. Aos poucos, bem aos poucos mesmo, o policiamento dispersa os resisten-

27. NOITES PORTENHAS

tes da segunda bandeja norte de La Bombonera, que vai se esvaziando. O som da derrota desaparece junto com os instrumentos de percussão que descem por último as escadas.

Em silêncio, e com poucos refletores acesos, o torcedor reexamina o tamanho da derrota e cai em tentação: novamente com o olhar perdido no gramado, revisita os lances da vitória de seis meses antes. De repente, é abril em Buenos Aires. Um cabeceio e um toque por cobertura insinuam que há toda uma Copa Libertadores pela frente.

28. A FINAL POSSÍVEL
MARACANÃ, RIO DE JANEIRO, 2018

Lá se vão quase vinte anos, mas eu ainda não consigo aceitar os pontos corridos assumindo o lugar das finais do Campeonato Brasileiro. De tempos em tempos, recorro à minha coleção da revista *Placar* em busca dos indispensáveis Guias do Brasileirão, apenas para, nas páginas derradeiras, relembrar grandes decisões, esquadrões memoráveis, estádios abarrotados e regulamentos labirínticos. Um caldo de Brasil das últimas décadas do século passado.

Em nome de uma pretensa justiça dos pontos corridos, decidiu-se que era o caso de acabar com finais acidentais, com campanhas primorosas enterradas por um gol fortuito ou com a chance de um Coritiba se sagrar campeão com saldo de gols negativo — sim, isso aconteceu em 1985. É bem verdade que o sistema serviu para equalizar o calendário, trazer previsibilidade de receitas e alavancar a média de público, mas isso tudo ao custo do fim das decisões que, ainda hoje, povoam o imaginário do torcedor.

Pego aleatoriamente um dos Guias do Brasileirão e meu olhar se detém no pôster do Vasco de 1989, nos tantos Flamengos campeões da década de 1980, nos craques do Internacional tricampeão, mesmo na constelação do Guarani — que levou para o interior um troféu inédito ao derrubar logo o meu time. Observo cada jogador na formação de 1 a 11, avalio a campanha até o título, procuro o resultado do confronto com o Palmeiras, imagino os sorrisos e as lágrimas que acompanharam cada um dos embates até os noventa minutos definitivos.

Foi assim até 2002. A partir de 2003, finais que paravam o país foram trocadas por uma série de disputas modorrentas ao longo de infinitas rodadas. Não se tem mais o gol do título (o Flamengo de 2019 foi campeão sem sequer entrar em campo); não há mais Soratos, Tupãzinhos ou Aíltons; sepultaram-se os heróis e vilões de um jogo só. Você pode até não concordar com a lamentação pelo fim do mata-mata, mas não tem como negar que, ao abraçar uma suposta justiça, o futebol brasileiro sacrificou a emoção.

Sou um crítico de primeira hora dos pontos corridos e, durante muito tempo, houve quem me acusasse de fazer isso porque meu time ainda não havia tido sucesso nesse formato de disputa. Eis que o alviverde conquistou os títulos de 2016 e 2018 e isso em nada alterou minha forma de pensar. Aceitaria colocar em risco as duas conquistas brilhantes para que o título pudesse ser sacramentado em encontros com um Atlético-MG, um Grêmio ou um São Paulo.

Na falta disso, eternizei um duelo específico dessas duas conquistas recentes como se fosse uma final: o Flamengo 1 × 1 Palmeiras pela 31ª rodada do Brasileiro de 2018, noite de sábado, Maracanã cheio.

Rio de Janeiro, Tijuca, fim de tarde. Tão certos da vitória estão os flamenguistas que nem o Bar Madrid, nosso tradicional refúgio a uma distância segura do estádio Mário Filho, é poupado da multidão rubro-negra. Os grupos palmeirenses se dispersam: há quem fique por ali mesmo, em trajes civis e de maneira comportada, e há quem busque guarida em outros bares. De minha parte, resolvo seguir bem cedo para a decisão.

Rua Professor Eurico Rabelo, 18h10. Chegam os quase trinta ônibus vindos de São Paulo. É uma etapa sempre arriscada; mais ainda diante do movimento intenso nos arredores e da disposição algo bélica de parte a parte. Uma falha no isolamento do espaço destinado aos forasteiros permite que flamenguistas passem pelas grades divisórias e tem início o confronto. Socos, pontapés, correria.

Ausentes os policiais militares que deveriam conter os ânimos, mais torcedores chegam para o duelo, objetos são lançados, grades de ferro viram arma ou escudo. Atrasado, o efetivo policial chega disparando seu arsenal: bombas de efeito moral, gás de pimenta; cassetetes marcando braços e costas sem muito critério, os aleatórios tiros de balas de borracha, um dos quais faz um palmeirense perder a visão. A confusão logo chega ao fim, mas exacerba o clima de rivalidade.

Setor Sul, Nível Superior, Bloco 205. São 2.700 visitantes. Há espaço para muito mais gente, mas o mandante faz a justa opção de exercer o direito de reciprocidade em relação à carga de ingressos e destina não mais do que 4% dos bilhetes para a coletividade de fora. Estão ali os que sempre acompanham o clube longe de São Paulo, e boa parte tinha acabado de voltar da semifinal da Libertadores em Buenos Aires. Muita emoção concentrada em tão poucos dias.

Os jogadores vêm a campo. De um lado, o vice-líder Flamengo, o Maracanã e mais de 62 mil vozes empurrando os donos da casa. De outro, quatro pontos à frente, o líder Palmeiras, quinze jogos de invencibilidade e seus mais aguerridos, combativos e vibrantes torcedores. Quando se é forasteiro, tem-se a ilusão de que sua voz está sendo ouvida do outro lado, mas isso quase nunca corresponde à verdade. O Maracanã do recebimento aos dois times é só o furor somado das duas torcidas e a fumaça rubro-negra que sobe no setor leste.

Nove anos depois, um Campeonato Brasileiro pode ser decidido no (ex-)Maior do Mundo e 65.102 torcedores estão ali por causa disso.

1º TEMPO

4'. Entrada dura do polêmico volante palmeirense — e ex-flamenguista. O público local pede cartão. O de fora vibra com a demonstração de virilidade. A tensão passa da arquibancada para o campo e para a arquibancada retorna. Carrinhos, divididas, empurrões e discussões ríspidas são aplaudidas como se fossem um ataque certeiro.

11'. Pressão rubro-negra. Habituado às adversidades de quem se reconhece um intruso, o visitante sabe que há momentos em que o mais importante é segurar a pressão. Não que seja mais paciente que os demais, mas é certamente mais compreensivo e sabe a hora de se doar sem esperar nada em troca.

16'. Cada avanço dos laterais adversários causa frisson a leste, a oeste e ao norte. Uma chance de gol eleva o moral flamenguista e o barulho. Do lado verde, canta-se tão alto quanto possível.

27'. Jogo duro, estudado, truncado. O Flamengo tem a bola, mas o Palmeiras fecha os espaços e carrega a tabela debaixo do braço.

35'. Parte dos refletores se apaga. Jogo paralisado. Respiro. Uma cerveja, por favor. O tempo técnico improvisado vale, inclusive, para os da arquibancada: todos parecem ter a solução tática para sair do sufoco.

36'. Os rubro-negros improvisam um mosaico de sinalizadores com lanternas de celular. O estádio fica quase todo iluminado, à exceção do enclave adversário no Setor Sul.

42'. Bola rolando novamente.

53'. A primeira boa oportunidade alviverde esbarra na defesa do goleiro flamenguista. Canta mais alto a torcida visitante.

INTERVALO

Mais cerveja, descompressão, debates acalorados. O empate nos satisfaz, mas todos sabem que não se pode jogar por ele. É preciso fazer mais, é preciso ameaçar o Flamengo.

A imensidão da zona de segurança delimitada pelo policiamento dificulta a tradicional troca de insultos entre torcedores que se odeiam, mas dá-se um jeito com cantos feitos sob medida para a situação e com gestos que somente são compreensíveis de um lado e de outro.

Flamengo e Palmeiras têm, provavelmente, a maior rivalidade interestadual do Brasil e já haviam brigado pelo título de dois anos antes — foi quando surgiu a história do "cheirinho de título" como referência à ameaça representada pela ascensão do rubro-negro na tabela. Daí o desejo dos palmeirenses de sacramentar a conquista de 2018 não contra o Vitória, na última rodada, mas sim em um confronto direto, cara a cara, contra seu maior rival fora de São Paulo. Os flamenguistas, por sua vez, buscam vingar a perda do título de dois anos antes.

2º TEMPO

4'. Lançamento longo da direita para a esquerda. Dudu domina na entrada da área, corta dois defensores, ajeita uma, duas vezes e busca a posição perfeita para a finalização rasteira. O chute sai forte e cruzado para estufar a rede à nossa frente. Um urro algo monstruoso deixa a garganta de cada um de nós para silenciar os adversários. Pulamos, vibramos, nos abraçamos. Em êxtase, despencamos pelos degraus, terminamos o gol como parte de um emaranhado de braços e pernas.

6'. O canto da minoria se faz ouvir. É quando o visitante se sente em êxtase absoluto. É quando a ele se confere o direito de enaltecer suas cores perante um estádio repleto de inimigos, de se sentir superior e de sonhar com o dia seguinte à vitória que se aproxima.

9'. O dono da casa passa a atacar com mais ímpeto. Sua torcida tenta se recompor a partir do núcleo duro das organizadas. A ferida do gol sofrido vai cicatrizando e o empate só não acontece porque Weverton executa uma defesa monstruosa.

15'. A grandiosidade do Maracanã impressiona mesmo os mais experientes viajantes. Quando inflamada, a multidão transforma o gigante de concreto em alçapão.

20'. Bem postado, o alviverde segura o ímpeto do adversário e o torcedor de fora flerta com o perigo ao deixar sua mente projetar o tamanho do resultado, os virtuais sete pontos de vantagem, a contagem regressiva para o título.

28. A FINAL POSSÍVEL

27'. A vaidade entra em cena. O forasteiro passa a acreditar que o país inteiro (ou ao menos quem gosta do esporte) está sintonizado no jogo e que todos os seus amigos e conhecidos o invejam por estar ali, escrevendo a história do futebol.

35'. Em jogada rápida no gol oposto, o Flamengo chega ao empate. O estrondo da torcida rival é ensurdecedor. Não consigo pensar em som mais traumático.

36'. No embalo do gol, outra jogada rápida do Flamengo pela esquerda. A bola é cruzada e, livre na marca do pênalti, o atacante finaliza para fora. Mãos na cabeça, chutes na cadeira da frente, alívio e desespero, tudo ao mesmo tempo. Abraços tentam esconder semblantes de pânico.

37'. Atordoado, o bipolar torcedor passa a ter certeza de que a virada é inevitável. A vantagem mentalmente projetada despenca de sete para apenas um ponto.

42'. Na base do desespero, o rubro-negro ataca com força. O time comandado por Felipão deixa claro que o empate está de bom tamanho.

44'. Os minutos finais são agonizantes.

51'. Fim de partida no Maracanã. Acuados, os visitantes cantam e comemoram, diante da frustração dos inimigos. Eles carregam a voz de todos os outros que ali não estiveram e aguentam a pressão de um gigante de concreto para defender uma história e as onze camisas que garantiram o triunfo dentro de campo. São 2.700 que representam 15 milhões. São a massa em tão poucos.

Não foi exatamente uma final, eu sei, e ainda era muito cedo para arriscar um "É campeão!" diante de rival tão odiado quanto respeitado, mas estaríamos de volta ao Rio de Janeiro um mês depois para, enfim, soltar o grito que ficou preso na garganta. Em tempos de pontos corridos, o clássico com o Flamengo, no Maracanã lotado, foi a final possível.

29. CARTA AO PEQUENO CAMPEÃO
SÃO JANUÁRIO, RIO DE JANEIRO, 2018

Rio de Janeiro, 25 de novembro de 2018.

Lorenzo, meu pequeno,

O papai pôde comemorar um título no estádio somente no fim da adolescência, já aos dezessete anos. Guardo com carinho cada detalhe do último sábado de maio de 1998. Ainda de manhã, a caminhada até o ponto para tomar o primeiro de dois ônibus em direção ao Morumbi. A expectativa desmedida enquanto sigo com seu tio/padrinho dentro de um Terminal Capelinha tomado por alviverdes. As barraquinhas de pernil, o fluxo intenso nas avenidas ao redor, o estádio ficando repleto aos poucos. O desvio cirúrgico de Paulo Nunes para abrir o placar. A chuva caindo, as capas plásticas que surgem sabe-se lá de onde. A cobrança algo surpreendente de Zinho, quando todos já se conformam com a disputa nos pênaltis. O rebote. A finalização fisicamente improvável de Oséas, um herói, um ídolo, um dos grandes. A bola molhada que sobe. A bola que beija a rede no alto, onde ela quase nunca se deixa beijar. A bola que, ao deslizar pela rede, faz espirrar todas as gotículas que a chuva ali deixou. O grito de cada garganta. O estrondo da multidão.

O desabar no concreto molhado. Os abraços e os braços erguidos para o alto. O apito final. O choro. O título. A taça.

Depois do primeiro grito de "É campeão!", muitos outros vieram, e me orgulho de ter acompanhado o Palmeiras em todos os momentos decisivos das últimas décadas. Cada título — e cada classificação ou vitória memorável — teve lá sua importância, e nunca deixei de preservar em minha mente fragmentos bem particulares de cada glória.

Você, meu pequeno, teve o privilégio de ser campeão no estádio antes mesmo de seu segundo aniversário. E o fez em grande estilo: foi decacampeão brasileiro fora de casa, no Rio de Janeiro. Daí que escrevo esta carta para que você tenha a exata dimensão do que viveu em solo carioca em um domingo ensolarado de novembro de 2018.

A praia. Passamos o fim de semana no Rio, a exemplo do que fazemos sempre que o Palmeiras joga lá. Fomos à praia (de Copacabana, é evidente), você brincou na areia, pulou ondas, se divertiu, dormiu sob o guarda-sol. Fomos ao Bar Madrid, ao Jardim Botânico, você adorou andar de metrô e de VLT.

A cantina. Almoço em família(s). Eu, você, mamãe, Nicolas na barriga da mamãe. O padrinho. Os irmãos Beto e Del Douek. O Boi. A Trattoria del Campo, agradável surpresa em São Cristóvão, bem perto da Quinta da Boa Vista. O proprietário veio até nós e propôs um menu degustação, com direito a entradas, pratos variados, sobremesas, vinhos, cervejas, caipirinhas, de tudo um pouco. Você comeu, mamou e dormiu.

A rua. Chegamos cedo a São Januário. Encontramos amigos e conhecidos do papai, aquela gente que acompanha todos os duelos dentro e fora de casa. O Vasco corria risco de rebaixamento, mas isso em nada alterou a convivência harmoniosa. Churrasco nas ruas, bares apinhados, bandeiras desfraldadas e trocando de mãos, a cantoria alternada das torcidas-irmãs.

O estádio. Você se sentiu em casa, andou pela arquibancada como se o lugar já fosse familiar, brincou com água no concreto. O sol brilhava forte e, depois de um dia inteiro indo para lá e para cá, você estava sonolento. Parecia querer dormir antes do jogo até, mas resistiu bravamente.

E cantou — ou ensaiou cantar — as músicas que eu gritava no seu ouvido. Você viu a partida quase inteira nos meus braços, às vezes com algum respiro para ficar com a mamãe ou com o padrinho.

O amigo. Não mais do que mil palmeirenses tiveram o privilégio de ir a São Januário. Foi o tanto de lugares que o Vasco colocou à nossa disposição. Mas, você poderá ver nas imagens, havia gente de verde também do outro lado da grade, junto dos cruz-maltinos, e eles puderam festejar, mesmo que aquilo significasse deixar os donos da casa ameaçados de cair para a segunda divisão. Foi, eu te digo, um tanto constrangedor comemorar o título em meio ao ocaso do nosso maior aliado, mas a amizade mostrou-se forte, como de costume, a ponto de superar eventuais ressentimentos.

O rival. O Flamengo foi o perseguidor mais implacável durante a reta final do campeonato. É bem verdade que o alviverde chegou ao Rio de Janeiro para a rodada 37 com cinco pontos de vantagem e precisando de apenas uma vitória — ou dois empates ou um tropeço do Flamengo — para assegurar o título, mas nunca se pode menosprezar um rival desse tamanho. Internacional e São Paulo, os outros dois que chegaram a sonhar com o título, já estavam matematicamente fora da disputa, e só restava um obstáculo até o decacampeonato.

O susto. O empate de 0 a 0 persistiu em São Januário durante mais de setenta minutos. Em compensação, o Flamengo passou fácil pelo Cruzeiro. Por todo esse tempo, a vantagem caiu para três pontos — e poderia diminuir mais ainda, caso o Vasco abrisse o placar. Parece um cenário catastrófico diante da nossa vantagem ao final do certame, mas você bem sabe como o palmeirense se tornou um sujeito desconfiado. Os gols flamenguistas foram recebidos como mau agouro e nosso desejo era poder resolver a parada o quanto antes, evitando o risco de uma surpresa na última rodada.

O gol. Foi só aos 26 minutos da etapa final, filho. E você chorou, como de costume. Sim, porque você se assustava com a explosão repentina, com a gritaria, com as feições transtornadas. Depois de um tempo, quero crer, você entendia não estar diante de uma ameaça e, vendo a felicidade de todos a seu redor, sorria junto. Mas, seja lá a que altura da vida você estiver lendo esta carta, saiba que ainda vai chorar muitas e muitas vezes depois de gols do Palmeiras — ou, pior, contra ele.

O grito. Você participou de toda a comemoração pendurado no ombro do papai, "de cavalinho". A ansiedade dos últimos minutos, depois segundos. O sinal da cruz meio desesperado para afastar qualquer cruzamento para a área. O olhar que fica metade do tempo no gramado e a outra metade torcendo para o relógio correr mais rápido. De repente, o apito final. A correria dentro e fora de campo. Abraços apertados, uns chorando, outros ajoelhados nos amplos degraus da arquibancada de São Januário. É campeão! Você sorri, pula e passa de colo em colo. É campeão! Você não entende direito o que acontece, mas passaria os dias seguintes balbuciando um delicioso "É campeão!", com direito a uma conjugação verbal bem prolongada.

A esbórnia. Seu padrinho ainda não havia tomado tudo a que tinha direito, mas foi um dos mais incisivos na provocação aos funcionários da loja do Flamengo, quase no acesso à sala de embarque do Santos Dumont. Já lá dentro, nos encontrávamos aos gritos, pulando entre portões, guichês, lojas e quiosques. Músicas de exaltação foram entoadas — assim como provocações ao vice-campeão. A atendente de uma franquia de batatas assadas ameaçou chamar os seguranças. Mais palestrinos chegaram para se juntar à festa, deixando pequenas fortunas por uma cerveja gelada. Azar dos comissários de bordo, que tiveram de trabalhar em dobro para conter os ânimos durante a hora seguinte, nos ares.

O ídolo. Chegamos com certa folga ao Santos Dumont e nos dirigimos ao portão de embarque. Sentamos em uma mesa e eu fui comprar algo para você comer. De repente, um homem passou por mim, tentando não se fazer notar, e sentou-se perto. Parei e olhei com atenção, custando a acreditar. Sim, era Luiz Felipe Scolari, o ídolo da Libertadores e de duas Copas do Brasil, o técnico que acabou de nos levar a mais um título nacional. Eu não sou de pedir autógrafos ou fotos, mas ali estava uma exceção. Tentando não despertar a atenção de mais ninguém — pois ele claramente queria se manter incógnito —, pedi duas coisas: desculpas pelo incômodo e uma foto dele com você. "Que menino bonito", disse ele. E então, recém-campeão brasileiro, encostou a testa na sua.

Vivemos tudo isso, filho, no ano que foi um marco para o início de um período tenebroso na história de um país que bafejava intolerância — e fazia isso quase orgulhoso de professar o ódio a tudo e a todos. Mas, ao menos por um domingo ensolarado, pudemos nos amar, gritar "É campeão!" e sorrir, sem pensar em mais nada.

30. CIDADÃOS
NUEVO GASÓMETRO, BUENOS AIRES, 2019

> *Há uma epopeia previsível que se deflagra todas as semanas em meio à aparente tranquilidade das cidades europeias — inglesas em particular. É uma aventura de sangue e estilhaços de vidro. De pânico, ultraje, brutalidade. De estupidez e covardia. O protagonista dessa epopeia é ninguém e todos, ao mesmo tempo. Trata-se da multidão, entidade que se forma com aparente espontaneidade e se lança contra indivíduos e cidades com fúria arrasadora. É preciso ser parte física da multidão para sentir a sua selvagem embriaguez.*
>
> Texto de apresentação de *Entre os vândalos*, de Bill Buford

Multidões sempre me fascinaram: caravanas de ônibus enfileirados, batalhões de torcedores a marchar rumo a um bairro inóspito — ao menos para eles —, plataformas de trem apinhadas, aglomerações em aeroportos. Não há como ficar impassível diante de centenas de seres humanos agrupados em torno de uma causa, de um ideal, de uma bandeira.

A multidão pode ser inclusiva (ao romper barreiras etárias, classistas ou raciais) na mesma medida em que é excludente (corpos estranhos a ela são expelidos) e define a identidade de seus integrantes, ao mesmo tempo que dissolve qualquer traço de personalismo. A multidão se faz notar na rotina de uma cidade, em sua economia, no turismo, no sistema de transportes e no aparato de segurança pública.

Só se pode entender o fenômeno a partir do olhar de quem é por ele impactado. Este capítulo é uma homenagem às tantas pessoas que cruzam o caminho de um forasteiro — às vezes sem nem perceber que, do outro lado, está o integrante de um bando numeroso. São os cidadãos que, por falta de tempo para perguntar o nome, ficam quase sempre incógnitos nas reminiscências de um viajante.

Sandoval, 27 anos, frentista, cochila em um posto de serviços da Ruta 14, em uma manhã como outra qualquer. Apesar do movimento intenso na principal via de ligação entre Argentina e Brasil, os períodos de marasmo são comuns. Seu sonho é interrompido pelo chiado dos freios de ônibus. São três e não parecem ser dali. Ao se levantar, Sandoval percebe tratar-se de uma caravana de *barras bravas* do exterior e lembra-se instantaneamente da loja de conveniência sendo saqueada, não muito tempo atrás, por um comboio semelhante. Ele assobia para o colega de turno e os dois se posicionam na entrada do estabelecimento. Dos coletivos, descem apenas os condutores ("¡Buen día! Favor encher o tanque, amigo", em um linguajar misto) e meia dúzia de torcedores. Os demais ficam em seus assentos, em compasso de espera. Os líderes retornam com galões de água mineral e todo o estoque de salgadinhos da loja. Pagamento em pesos argentinos. Sandoval respira aliviado.

Armando, 34 anos, agente de imigração, é sócio do San Lorenzo e presença certa nos compromissos caseiros do *Cuervo*. Prefere trabalhar no turno da manhã no aeroporto de Ezeiza para evitar conflitos com o calendário esportivo. Todos os onze voos vindos de São Paulo ou Campinas, durante seu turno, trouxeram palmeirenses para o compromisso de logo mais à noite. Armando carimba passaportes de gente do mundo inteiro, mas nunca cruzou a fronteira de seu país. Enquanto identifica os brasileiros pelas vestimentas que se sobressaem entre turistas e executivos na fila que serpenteia pelo saguão, toma a resolução de acompanhar o jogo do returno, em São Paulo. Calcula minuciosamente o tempo de checagem dos passaportes de cada estrangeiro para que mais aficionados possam passar por seu guichê. Diante de cada torcedor, não faz sentido indagar o que estão vindo fazer em Buenos Aires, onde vão ficar ou quando vão embora; o agente aproveita para fazer perguntas sobre o Palmeiras e sua torcida, a cidade e o estádio que pretende visitar dentro de um mês.

Catarina, 25 anos, recepcionista, resmunga ao ver o grupo se aproximar. São oito viajantes, todos uniformizados e segurando latas de cerveja. Reservas para uma única noite, em quartos coletivos. Ela pensa em como dividir o grupo para evitar desconforto para outros hóspedes e, de algum modo, desmobilizar agitações. Todos no estabelecimento se recordam da ocasião em que, na esquina com a avenida 9 de Julio, um grupo de chilenos provocou aficionados do Boca que seguiam em um micro-ônibus. A briga resultou na depredação do hostel e, desde então, o proprietário do estabelecimento costuma improvisar uma palestra para turistas com motivações futebolísticas. Como o chefe está ausente, ela separa os brasileiros em dois quartos exclusivos para homens e, após contar o ocorrido com os chilenos, pede para os brasileiros evitarem sair às ruas vestidos com a camisa do time. Os torcedores não dão muita importância, mas prometem não se envolver em problemas.

Pablo, 59 anos, taxista, recebe o chamado do hotel e, lá chegando, topa com quatro passageiros, todos do exterior. Um deles, fluente em espanhol, apresenta a proposta inusitada: 100 dólares para percorrer um roteiro periférico, com ligeiro intervalo para o almoço, e encerrar a corrida em Puerto Madero, no fim da tarde. Tão obcecados são os turistas que apresentam o percurso impresso: Avellaneda, Sarandí, Quilmes, Florencio Varela, Adrogué, Temperley, Banfield, Lanús, Mataderos, Liniers, Floresta, La Paternal, Villa Crespo, Caballito. Um emaranhado de cidades, partidos e bairros suburbanos, passando — em alguns casos rigorosamente de passagem, sem descer do carro — por quinze estádios diferentes. O próprio taxista desconhece a maior parte do caminho e aprecia a experiência como se fosse um estrangeiro em sua terra. De quebra, ainda fatura em poucas horas o que, em condições normais, só conseguiria acumular após três dias cheios de trabalho.

Miguel, 36 anos, garçom, prepara a quarta mesa do almoço para brasileiros. Todos estão ali pelo jogo, e Miguel já sabe bem o que esperar. Alguém pergunta qual dos nomes do cardápio é a picanha. Ele vai responder meio a contragosto, pois não entende a obsessão dos brasileiros por um corte que os argentinos julgam superestimado. *Vacío* e *bife de chorizo* vão dividir o restante das preferências, e, para abrir o apetite, sempre haverá um indivíduo a confundir *morrones*, *mollejas* e *morcillas* — e sim, vai sobrar para o pobre garçom. Para beber, baldes de Quilmes virão acompanhados de inevitáveis reclamações sobre a temperatura — a cerveja nunca vai estar gelada o bastante para o gosto do brasileiro. Por isso, ele sempre prefere os clientes que pedem vinho. *Postre*? Não, a maioria parece nem ouvir a oferta. Ao final, o garçom bem sabe, a generosidade da *propina* vai depender do dinheiro que sobrar após o rateio da conta entre dólares, pesos argentinos e reais esparramados pela mesa.

Natalie, 27 anos, vendedora de livros, escuta a mesma pergunta pela segunda vez naquela tarde: "*¿Hola, dónde está la sección de deportes?*" Não é um interesse comum entre os frequentadores da livraria, e ela encaminha o cliente para a prateleira onde estão os títulos de esportes, notadamente de futebol. Ele olha título por título e escolhe um, dois, três, cinco, dez. Ela oferece ajuda para deixar as obras separadas no caixa. O torcedor aceita a gentileza e pergunta pelas seções de história da América Latina e de música argentina. Surpresa com o fato de um brasileiro apreciar tanto a cultura local, ela diz ser fã de Chico Buarque e Tom Jobim, mas confessa não conhecer muito mais coisa. Na saída, o brasileiro compra treze livros. São doze para ele e, de presente para Natalie, uma antologia de música brasileira.

Esposito, 62 anos, dono de uma birosca em San Telmo, interrompe a conversa com o amigo Juan para cumprimentar o jovem que acaba de entrar em seu estabelecimento. É uma vendinha local, comum naquela vizinhança, e o rapaz diz querer apenas uma água gelada e um chocolate. Esposito nota o sotaque, identifica a origem do cliente pela camisa que veste e decide puxar conversa: "*¿Y cómo van las cosas en Brasil?*", arrisca, com receio do que pode vir. O brasileiro não sabe bem como iniciar a resposta, mas vê um retrato de Perón na parede lateral e uma flâmula do Racing no canto oposto, e se sente em terra firme para dizer a dura verdade. Esposito sorri ao perceber o vínculo ideológico e não tarda para que o também peronista Juan entre na conversa. O cliente resolve aceitar o convite para se sentar em uma cadeira e os três logo se veem imersos em um longo debate sobre democracia, política e as veias abertas da América Latina.

Benjamín, 30 anos, motorista, lembra-se de ter ido a um estádio não mais do que três ou quatro vezes, ainda criança, na pequena cidade em que foi criado, na província de Jujuy, quase na Bolívia. Vivendo há pelo menos uma década em Buenos Aires, habituou-se a conduzir ônibus fretados com torcedores de fora do país para as partidas disputadas na região metropolitana. Conhece bem o caminho de dezenas de canchas, mas nunca pisou em nenhuma delas. No comboio rumo ao Nuevo Gasómetro, um dos viajantes, sentado na primeira fileira, faz perguntas sobre sua experiência ao volante em outras caravanas. O motorista relata episódios não tão amistosos e uma já familiar animosidade por parte do policiamento. Nada que o incomode, no entanto. O salário, diz ele, é muito superior ao que seus parentes jamais sonharam ganhar em Jujuy. A chegada é tranquila e o torcedor se dá conta de que há 40 ingressos para 39 passageiros. O bilhete restante é entregue nas mãos de Benjamín, que

30. CIDADÃOS

não esconde a felicidade com o gesto e com a possibilidade de, finalmente, conhecer um grande estádio por dentro.

Mercedes, 55 anos, ambulante, não gosta de futebol, mas tem as tabelas da Copa Libertadores e da Copa Sul-Americana coladas na lateral da geladeira. Ela descobriu casualmente que o policiamento bonaerense definiu um trecho específico de Puerto Madero como ponto de concentração dos aficionados do exterior e, desde então, não perde uma oportunidade sequer de aproveitar o movimento atípico. Nos bons dias, conta, até dois mil torcedores se concentram nas imediações da Plaza Italia por um par de horas e, sem estabelecimentos comerciais por perto, costumam esvaziar dois isopores repletos de um pouco de tudo: água, refrigerante, destilados baratos e muita cerveja. As garrafas de um litro, diz Mercedes, têm mais saída — porque são divididas em vários copos plásticos. De uns tempos para cá, ela percebeu que, ao contrário de outras nacionalidades, os brasileiros torcem o nariz diante do rótulo da Brahma — quem vai querer uma cerveja nacional estando no exterior? — e passou a trazer apenas Quilmes e outras marcas locais.

Javier, 25 anos, policial, já escutou histórias escabrosas dos colegas de farda, mas sente-se confortável com sua atual incumbência na corporação, em especial se comparada à anterior, de policiamento ostensivo nas *villas* (as favelas argentinas). Tudo o que tem de fazer agora é conduzir a moto à frente do comboio, interromper o tráfego nas vias transversais e assegurar que nenhum outro veículo cruze o caminho da caravana. A missão costuma exigir mais atenção em áreas periféricas, em especial nas visitas às canchas do Defensa y Justicia e do Lanús, mas as muitas opções de acesso à casa do San Lorenzo permitem ao policiamento definir uma rota segura. Já nas imediações, enquanto observa o desembarque dos brasileiros, Javier ouve seu colega Sebastian relatar confrontos sangrentos envolvendo *barras bravas* de Boca, River, Racing e San Lorenzo ou, ainda pior, entre as *hinchadas* de All Boys, Chicago, Chacarita e outros *clubes de barrio*. "*Me alegro de que ya no tengamos visitantes en los torneos locales*", afirma Sebastian. "*Si, que bueno*", responde Javier.

31. VITÓRIA CANCELADA
ARENA DO GRÊMIO, PORTO ALEGRE, 2019

O petardo disparado da intermediária decreta o 1 a 0 sobre o Grêmio, na abertura das quartas de final da Libertadores. Na saída, após descer as escadarias que conectam a tribuna superior à rua, Beto Douek e eu somos as vozes dissonantes em meio à alegria despudorada. Garrafas de Polar se avolumam nos botecos ao redor, mas nós dois, escolados por acompanharmos um clube que se esmerou na arte das derrotas absurdas, flertamos com uma espécie de lamento pelo triunfo em Porto Alegre.

Buscamos emprestar algum verniz de lógica ao discurso pessimista, por mais irracional que ele seja. Eu, por exemplo, vasculho a memória à cata de confrontos do passado que possam sustentar a seguinte tese: vencer como visitante na ida pode ser uma armadilha acionada pelo controverso critério do "gol fora". Ao dizer isso, enfrento olhares inconformados e me sinto o propagador de alguma teoria conspiratória das mais delirantes. "Parece que você preferia ter perdido por 1 a 0". A acusação parece exagerada, mas não soa assim tão injusta.

Insisto em trazer exemplos à tona. Lembro da Sul-Americana de 2010, com a quase certa passagem à final após o 1 a 0 sobre o Goiás, no

Serra Dourada, esvaindo-se com um vexatório 2 a 1 para os goianos, no Pacaembu. Do mesmo estádio municipal, é inevitável citar o São Caetano de 2002, que chegou à decisão, bateu o Olimpia por 1 a 0 no Defensores del Chaco, mas foi derrotado como mandante no tempo normal (2 a 1) e depois, nos pênaltis — aliás, registro aqui meu eterno agradecimento ao clube paraguaio.

A reviravolta em uma final de relevo foi vivenciada também pelo Cruzeiro de 2009, com a virada sofrida em casa para o Estudiantes. Ou pelo meteórico Palmeiras de 1996, que sucumbiu diante do Cruzeiro, ao também sofrer uma virada que lhe custou a Copa do Brasil.

Em comum com os casos acima, o desenrolar da contagem: como se não bastasse o bom resultado obtido longe de seus domínios, o mandante abre o placar, mas permite a façanha do adversário. Tinha sido dessa forma a eliminação do Grêmio na semifinal de 2018, contra o River Plate: o triunfo em Buenos Aires foi desconstruído com dois gols argentinos no fim, em Porto Alegre. Um exemplo europeu? Que tal o Ajax × Tottenham na Champions League do mesmo ano? O time holandês venceu em Londres, abriu 2 a 0 em casa e foi surpreendido por um 3 a 2, com o terceiro gol já nos descontos.

As horas avançam madrugada adentro e garrafas vazias enchem engradados na mesma proporção em que minha mente amplia o escopo de catástrofes que cancelaram bons resultados preliminares: o Cruzeiro contra o River em 2015 e em 2019; o Flamengo na final da Copa do Brasil de 2004; e assim por diante.

A essa altura, já quase expulso do boteco pelos meus amigos, desisto de ser o pessimista de plantão e resolvo aproveitar o momento. Mas é necessário admitir que tudo não passa de disfarce: o torcedor de futebol é, por natureza, irracional, movido menos por coerência e mais por componentes emotivos incontroláveis. Mesmo o tipo mais pragmático tem lá suas superstições, mandingas e crenças inabaláveis em elementos sobrenaturais ou situações que desafiam a lógica.

Eu costumo dizer que não sou um homem de superstições, mas admito que fui à Arena do Grêmio com a "calça da sorte", aquela do capítulo 15, que se rasgou completamente como consequência do êxtase de um gol no antigo estádio Olímpico. Pois a calça já foi costurada pelo menos meia dúzia de vezes e, para desespero da minha esposa, segue me acompanhando nos jogos que pedem uma dose extra de fé.

É o caso, evidentemente, de um duelo contra o Grêmio pela Libertadores. Devo dizer, antes de ser apedrejado, que vibrei enlouquecidamente com o 1 a 0 no Sul. Cantei sem parar, me pendurei nos *paravalanchas*, me senti envaidecido pela oportunidade de viver, uma vez mais, a emoção que só é possível em jogos daquele tamanho.

O drama do pós-jogo era menos pessimismo e mais a inescapável tendência de querer afastar a todo custo o clima de "já ganhou". Impelido pela necessidade de reconhecer que o adversário pode renascer (e pelo desejo de que os jogadores mantivessem concentração absoluta para a partida de volta), tento ser o contraponto aos que se deixam levar por um triunfo preliminar para esquecer toda uma vida de surpresas caseiras.

Por vezes, quando faço projeções e simulações de resultados em torneios de pontos corridos, sou o tipo que sempre adota um discurso cauteloso, que reconhece como inevitáveis alguns tropeços em casa, que sabe que não há como fugir de sequências de maus resultados.

Há que se ressaltar, por fim, o papel da imprensa — e das redes sociais — para que o derrotado no primeiro jogo tenha, a seu favor, uma série de elementos motivacionais. Além da vantagem alcançada em Porto Alegre, a mídia destacou, na semana entre as duas partidas, a disparidade no retrospecto histórico (41 vitórias alviverdes ante apenas dezenove tricolores e míseros dois sucessos gaúchos em 42 visitas à capital paulista). Tabus, como se sabe, estão aí para serem quebrados.

E, para completar o cenário de desconfiança, o Palmeiras, despejado de sua casa por um show, teve de mandar a partida de volta no Pacaembu. O roteiro parece ter sido escrito já na madrugada porto-alegrense: o mandante abre o placar cedo e leva a virada em um apagão de sete minutos. É o suficiente para o fantasma do gol qualificado se posicionar bem no círculo

31. VITÓRIA CANCELADA

central e, traiçoeiro que só ele, começar a zombar dos ataques desordenados de uma equipe que já estava entregue ao desespero.

O Grêmio avança para a semifinal. O Palmeiras sente o golpe da eliminação e, em questão de quatro dias, diz adeus também ao Campeonato Brasileiro e ao seu treinador.

É como se a vitória na Arena do Grêmio não tivesse existido.

32. REENCONTROS
MARACANÃ, RIO DE JANEIRO, 2021

O lançamento de Rony é improvável, menos pelo autor e mais pela distância, pela curvatura do passe e pelo momento do jogo. Esgotados e sofrendo com o calor, os dois times pactuaram começar um novo embate na prorrogação que se avizinha, mas a bola ignora o acordo. Ela sobe para se fazer notar por poucas centenas de pessoas no Setor Oeste do Maracanã e despenca, sutilmente, em direção à cabeça de um herói inesperado. Tudo acontece em não mais do que poucos segundos, mas o palmeirense posicionado em frente à linha de fundo arruma tempo para revisitar as últimas duas décadas de sua vida.

Ele se vê, moleque ainda, conquistando a América ao lado de 32 mil palestrinos, no antigo Parque Antarctica. Ele afaga a cabeça de um menino que sai carregado das arquibancadas do Morumbi e do Palestra Itália após derrotas traumáticas nos pênaltis, em 2000 e 2001. Ele consola um jovem atormentado pelos gritos de rivais na madrugada paulistana. Ao lado desse rapaz, amaldiçoa a bola que lambe a trave do estádio Centenário e chega até a sentir o frio montevideano. E de novo se vê, em anos distintos, blasfemando contra tropeços constrangedores no Pacaembu.

A bola se deixa iluminar pelos refletores daquele que já foi "o Maior do Mundo" e, no deslocamento, parece ter consciência do que está por acontecer. Enquanto o palmeirense da arquibancada arregala os olhos, a desejada esfera de couro vai ao encontro da testa de Breno Lopes, um recém-chegado que, em tempos de pandemia, sequer pôde conhecer a cruel ansiedade da torcida alviverde.

Camisa 19 às costas, o jovem Breno calcula o tempo de queda da bola, salta com plasticidade por trás de um estático defensor e desfere um cabeceio forte e cruzado, buscando surpreender o goleiro que esboça deixar sua meta, mas fica no meio do caminho. Enquanto assiste ao lance, o palmeirense segue em sua viagem mental ao passado. Ele não se conforma com uma rara eliminação antes dos mata-matas e lamenta que uma batalha campal, em Montevidéu, não tenha sido suficiente para evitar nova derrocada nas cobranças de pênalti.

A bola desviada por Breno Lopes descreve uma trajetória elegante, como se concebida para fazer aquilo desde o início dos tempos. Pego no contrapé, o arqueiro percebe a precisão do movimento, mas nada mais pode fazer. O aficionado no Setor Oeste Inferior convive ainda com o ressoar dos *bombos de murga* de La Bombonera, uma sinfonia que o persegue há pouco mais de dois anos.

Mas logo o som dos pratos de bronze e das inclementes baquetas de La 12 vai se distanciando, até não ser mais possível identificar do que se trata. É quando o objeto escorado por Breno Lopes conclui o percurso que o eterniza na história do continente. Tendo percorrido quase toda a extensão da pequena área, a pelota beija, suavemente, a lateral da rede e desliza em direção ao solo, já embevecida pelo estrondo do pequeno contingente que se concentra diante daquele gol.

É o minuto 99 de um jogo truncado, e só então o palmeirense sente-se livre para soltar o grito que estava preso na garganta há duas décadas. Após relembrar os fracassos de Libertadores passadas, ele finalmente está preparado para superar os fantasmas e rever o menino que festeja a conquista da América em uma noite de junho de 1999.

RODRIGO BARNESCHI

É, também, o reencontro com a arquibancada, depois de um exílio de dez meses e meio. O sujeito não está ali exatamente à vontade, pois defende que não deveria haver público em um cenário de pandemia descontrolada, prevalecendo o modelo vigente a partir da terceira rodada da competição: portões fechados. Mas dirigentes e políticos encontram uma brecha para, de maneira um tanto clandestina, distribuir cerca de três mil credenciais para um público restrito.

E, uma vez que se apresenta a oportunidade de ir a campo, o convite torna-se irrecusável. Um certo dilema ético o incomoda, mas pesam mais sua obsessão, o histórico de acompanhar todos os duelos decisivos em um quarto de século e o alto preço cobrado por quase um ano de abstinência. Além disso, pensa, se convidados, patrocinadores e supostos influenciadores pretendem macular uma final de Libertadores, cabe a quem é da arquibancada ocupar o território.

Com presença garantida na final, o tipo vive cada momento como se fosse o derradeiro. Ele sabe que a vida está acontecendo intensamente e, despido de quaisquer outros meios de comunicação, conecta-se com o seu eu mais jovem de jornadas passadas. Ele tem a exata dimensão do que significa estar ali e, abstraindo o ambiente atípico e o desconforto de não estar ao lado da sua gente, procura honrar a missão a ele confiada em cada gesto, em cada pensamento, em cada mover de pernas no trajeto entre o Bar Madrid e a rampa da Uerj.

O torcedor caminha lentamente, buscando absorver ao máximo a sensação de representar milhões de almas e corações. Ele sobe a rampa de acesso ao Setor Oeste como se fosse uma reestreia. Enche o peito de ar, enquanto o fone de ouvido reproduz seguidamente "L' Arena", de Ennio Morricone, canção escolhida para preparar o espírito. Uma vez que se aproximam os túneis de acesso, é instruído a virar à direita ("das cabines de rádio", como mandava a tradição dos vascaínos no velho Maracanã), em direção ao sentido sul, e passa a se sentir em casa.

Após dez meses e meio de afastamento forçado, o regresso a um estádio acontece no mais emblemático de todos, e logo em uma final única de Copa Libertadores. Calejado por décadas de duelos decisivos na arquibancada, o torcedor não espera nada muito diferente de um confronto arrastado e regido pelo medo — como efetivamente acontece. Indiferente à verborragia de comentaristas desconectados da essência do futebol, ele faz da tensão que percorre seu corpo o anestésico que o leva a ignorar a falta de inspiração das duas equipes.

O torcedor que reencontra seu lugar no mundo em uma tarde épica confia, a si próprio, a missão de zelar pelos códigos da arquibancada. Não há espaço para selfies, sorrisos ou qualquer sinal de descontração. Um desavisado, com toda a pinta de executivo de multinacional, grita um "senta aí!" logo após o apito inicial e é reprimido com ferocidade.

A pandêmica máscara cirúrgica abafa os gritos de incentivo e os protocolos de distanciamento social afetam a experiência torcedora, mas, a despeito do cenário de exceção, há um certo clima de arquibancada: por obra do acaso, um jogo entre grandes paulistas é disputado com a presença de torcedores dos dois clubes pela primeira vez em cinco anos. O reencontro com um clássico estadual se dá com alviverdes e alvinegros na condição de visitantes: o septuagenário Maracanã nunca havia abrigado um duelo entre times de São Paulo.

Não há, ao menos até o minuto 99, um único instante de paz ou de controle emocional. Há, isso sim, muita angústia. Até que uma santa é convidada a deixar o gramado, abrindo espaço para uma sequência de três passes que fazem a bola, predestinada, percorrer setenta metros do templo sagrado em nove segundos: sem a figura sacra à beira do campo, vai-se rapidamente da intermediária norte ao barbante sul, e o torcedor se reencontra com o êxtase.

De sua garganta, sai o urro que, somado ao de outros a seu redor e amplificado pelos microfones, faz parecer que há uma multidão no Mário Filho. Ele pula em ritmo febril, ergue os punhos cerrados para o alto e, ao atestar a corrida do bandeirinha até o círculo central, é incapaz de segurar as primeiras lágrimas.

De repente, desaba em direção à fileira de assentos da frente e a ela se abraça, o corpo pendurado de um jeito todo disfuncional, em posição fetal, a cabeça quase no degrau abaixo. Em sua comemoração solitária, o torcedor chora, contorcendo-se todo. E sorri. E grita "gol" incontáveis vezes, como quem procura garantir que VAR algum possa colocar em risco a explosão de felicidade.

É então que o mundo todo parece ter evaporado, só importando a correria de Breno Lopes, o título que se aproxima e a promessa feita a seus dois filhos de voltar para casa com a taça. Não há mais como conter abraços acalorados, contrariando recomendações sanitárias, e o espírito da arquibancada parece se apossar mesmo de figuras recatadas. Cordões de isolamento viram pedaços de plástico no chão e cadeiras convertem-se em suporte para malabarismos imprudentes. Os *stewards*, também eles vítimas de abraços e beijos na testa, parecem amedrontados diante da selvageria de um gol continental no minuto 99.

Após dez meses e meio, o torcedor reencontra-se com a arquibancada, com seu modo de vida e com o título que escapou de suas mãos — primeiro, em uma noite de junho de 2000 e, depois, outras tantas vezes.

Ele sabe — e isso o aflige — que o mundo está ruindo. Ele lamenta os números da tragédia que assola o Brasil. Ele enxerga o sofrimento que ronda o gigante de concreto da zona norte carioca e é extremamente sensível a tudo isso.

Mas, ao menos por um dia, o 30 de janeiro de 2021, ele contempla a vida que acontece ao seu redor e se permite conectar exclusivamente com o minuto 99 de uma partida só não mais sofrível do que bela em seu roteiro final.

Ao menos por uma tarde de sábado que vai dizendo adeus em um país destroçado, o torcedor permite-se vincular para todo o sempre àqueles nove segundos em que, bem à sua frente, três homens de verde tocam na bola para levar uma nação novamente à glória eterna.

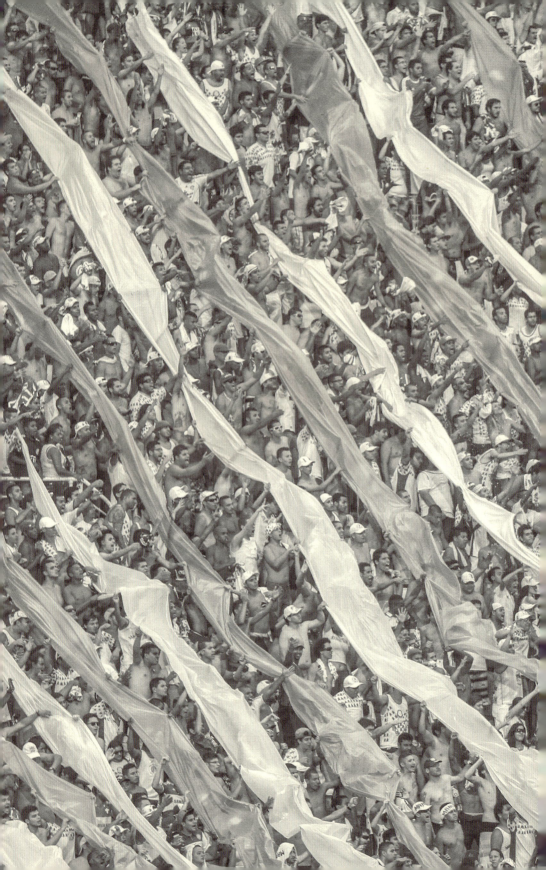

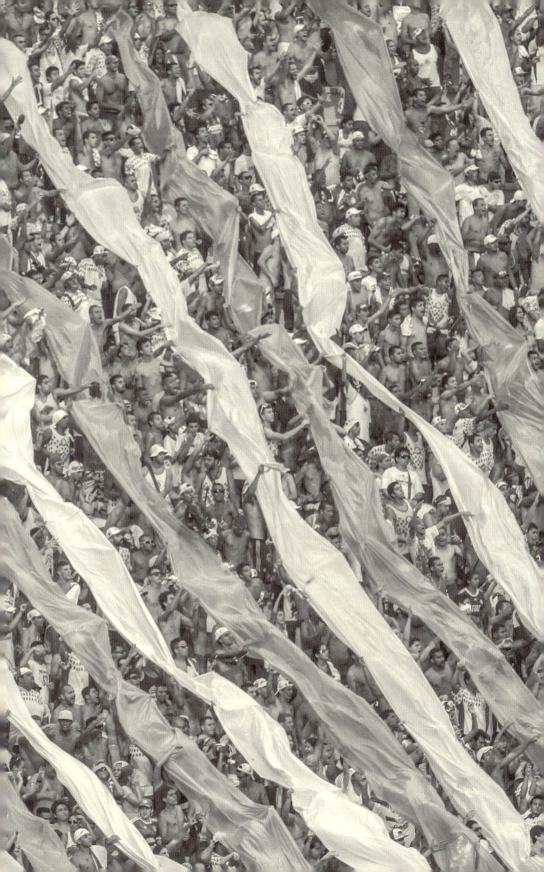

EPÍLOGO

O Rodrigo de nove anos que se deixou influenciar por uma pequena caravana de adversários, na São Vicente do capítulo 1, tinha uma visão meramente idealizada dos maiores estádios de sua cidade. Em uma época pré-internet, as fontes de informação sobre as praças esportivas eram insuficientes: descrições de radialistas, raras partidas transmitidas ao vivo pela TV e fotos em jornais ou revistas.

Em todos os casos, focava-se no ocorrido entre as quatro linhas, com jogadores em destaque, quando muito com um borrão ao fundo representando a torcida. Mais atento à divulgação do público pagante do que aos autores dos gols, eu tinha de mendigar pequenos fragmentos do noticiário para melhor conhecer os lugares que já me encantavam mais do que o esporte em si.

Os álbuns de figurinhas eram valiosos não pelos cromos de craques ou pernas de pau, mas pelas fotos dos estádios. Algumas, aéreas, permitiam vislumbrar a setorização de cada um deles, enquanto outras vinham cortadas de modo a registrar apenas o setor central ou uma das curvas. Cabia à minha engenhosidade infantil combinar ângulos distintos para compor a visão completa.

Boa parte da minha infância foi dedicada à arte de desenhar estádios e preenchê-los com pontos que simbolizavam torcedores. Um por um. Com direito a alambrados dividindo rivais, aglomerações mais acentuadas nos espaços centrais e interdições determinadas pelo Contru (Departamento de Controle e Uso de Imóveis) — quem viveu o futebol paulista da década de 1990 vai entender a referência. Com o passar do tempo, já tendo feito minha estreia no cimento, evoluí para a criação de novos estádios, de grandiosos a acanhados.

Cresci ouvindo a equipe esportiva da rádio Jovem Pan (AM 620) e, à época, os duelos importantes demandavam um repórter para cada equipe e um terceiro escalado para cobrir "o outro lado do jogo". Era o profissional que apresentava um panorama das imediações, reportava brigas ou pequenas ocorrências, revelava carga de ingressos à venda e os já vendidos e até arriscava palpites sobre expectativa de público ou que torcida estaria presente em maior número.

José Silvério, o maior de todos os narradores de rádio, tinha um jeito todo especial de proclamar partidas que seriam disputadas com casa cheia: "Temos um graaande público no Morumbi". Com a bola rolando, eu ficava à espreita a partir dos vinte minutos do segundo tempo, aguardando a intervenção dos repórteres Wanderley Nogueira ou Luís Carlos Quartarollo: "Renda!". Era a senha para Silvério chamar o repórter que anunciaria a arrecadação e o público pagante. E eu colocava meu palpite à prova sem qualquer recurso visual, baseado no som ambiente, em uma combinação de fatores históricos e na descrição dos radialistas.

O Rodrigo de nove anos talvez nem pudesse sonhar que, três décadas depois, ultrapassaria a barreira de mil jogos no cimento de 79 estádios espalhados por dez países. Pois conheço os mais tradicionais templos futebolísticos de São Paulo como a minha própria casa e, ainda que eles tenham sido drasticamente alterados, permito-me preservar uma idealização algo pueril de suas instalações.

Do antigo Palestra (ou Parque Antarctica, como eu aceito que ele seja chamado), sinto falta do cheiro de amendoim molhado que se escondia nas fendas entre os lances de arquibancada, das três chaminés da Matarazzo e do sucinto placar, que não resistia às chuvas mais intensas e trepidava com torcedores se debatendo nos suportes de ferro.

Do estádio municipal — a despeito da privatização, não deixarei de chamá-lo assim —, guardo especial carinho pela altura de seus degraus, pelo concreto que resistiu à praga dos assentos plásticos e pela marquise que, tantas vezes, me protegeu de chuvas inesperadas. E lamento profundamente que o charmoso Pacaembu tenha sido entregue para uma pretensa modernização que não passa de vandalismo empresarial.

Do Morumbi, reclama-se mais por clubismo ou receio de contrariar o senso comum. Mas foi lá que paulistas de todos os matizes conquistaram seus maiores títulos. Há quem critique a distância da arquibancada até as metas ou certa frieza que emana de suas tribunas, mas eu prefiro me apegar à amplitude de visão e à sua grandiosidade.

Tem ainda o Canindé. Penso no campo da marginal Tietê como uma decadente residência de veraneio à qual se comparecia, nos bons tempos da Portuguesa, ao menos uma vez por ano. Era a oportunidade ideal para, na condição de visitante, se sentir em casa, chegando de metrô e dominando as cercanias. Uma vez lá dentro, podia-se caminhar de uma cabeceira a outra a qualquer tempo, sempre com visão privilegiada.

Foi em cada um dos grandes estádios da minha cidade que vivi os melhores e os piores momentos da minha vida. Foi nesses espaços de convivência que construí amizades para toda a vida e forjei meu caráter.

Até chegar 2020. Depois de tanto tempo vivendo a arquibancada como o elemento definidor da minha identidade, regredi à época em que ela era uma fantasia. De uma hora para a outra, uma pandemia impossibilitou milhões de pessoas de girar a catraca e colocou em risco a retomada desse espaço tal como o conhecemos.

Se antes o grito de gol dependia de uma espiadela no bandeirinha correndo em direção ao centro do campo, a experiência em tempos de exceção passou a ser mediada por câmeras, por editores de vídeo e pelo VAR. A cada novo duelo com portões fechados, concretiza-se um pesadelo recorrente: meu time vai jogar e eu não estou ao lado dele.

EPÍLOGO

Foi então que me dei conta, já prevendo que a pandemia pode ser utilizada como pretexto para arroubos restritivos, do seguinte aspecto: o torcedor visitante é uma espécie em extinção, cada vez mais encarado como figura indesejada. E, se há o risco de ele se tornar uma peça de museu, era preciso contar sua história por meio de narrativas, reflexões e memórias da arquibancada: o que foi, o que é e o que ainda pode ser.

Este *Forasteiros* é, pois, uma declaração de amor à arquibancada. Um amor já desesperançado e saudosista, é verdade, pois capaz de perceber que ela já não é mais a mesma e que provavelmente nunca mais será. Mas, também, um amor resiliente e desafiador, de quem segue girando a catraca apesar dos obstáculos que vão se interpondo entre o torcedor e sua paixão.

Os 32 capítulos anteriores são minha maneira de compartilhar décadas de vivência sensorial: o encantamento de se ver dentro de um estádio pela primeira vez; a disputa de sons e seus emissores; a memória olfativa vinculada a cada estádio; o deslizar de dedos por um pedaço de concreto ou pela ferrugem do alambrado; medos e explosões; angústias e celebrações; fé e mandinga; a selvageria da multidão; o gol; o grito de gol; o choro; a vida.

Ao observar tantas lembranças reunidas em um mesmo volume, ouso dizer que cumpri o desígnio imposto pelo Rodrigo de nove anos, impressionado pela passagem de três ônibus por uma pequena rua do litoral paulista. E, em nome dos sonhos do menino que ainda existe dentro de mim, e das aspirações futuras do Lorenzo e do Nicolas, torço para que um dia eles possam ir aos estádios não apenas para vibrar com o Palmeiras, mas também para que, diante do estrondo da torcida rival, entendam o mundo que os cerca.

AGRADECIMENTOS DO AUTOR

À Verena, meu bem. Por aguentar minhas loucuras, suportar uma obsessão que tanto afeta a vida familiar e me apoiar neste e em todos os projetos que eu resolvi abraçar na vida que escolhemos viver juntos.

Ao Lorenzo e ao Nicolas, meus dois pequenos que, um dia, saberão decidir entre a obsessão do pai e uma vida normal. Este livro será um bom referencial do que fazer — e, mais importante, do que não fazer.

A meus pais, Vanderlei e Marcia, pelos princípios que carrego desde a infância, pelas oportunidades, por todo o amor.

Ao meu irmão Ricardo, companheiro de tantas jornadas e personagem inescapável de algumas crônicas, e à minha irmã Mayara.

Aos avôs Etore e Geraldo, pela genética palestrina.

Ao tio Douglas, por me apresentar ao Palestra Itália, ao Pacaembu e ao Morumbi.

Aos primos Alan e Erik: o primeiro, pela inspiração *hooligan* e por ser uma espécie de professor no início da minha trajetória torcedora; o segundo, pelo companheirismo que veio com a maturidade.

Aos amigos e às amigas a quem neguei presença em cerimônias de casamento, aniversários e outras ocasiões festivas: espero que tenham me perdoado depois desta leitura.

Aos santistas de passagem por São Vicente, cujas vozes guturais inspiraram vivências das três décadas seguintes.

Meu obrigado a todos os "pilotos de busão", os de caravanas pelo Brasil e os que me conduziram aos estádios paulistanos — inclusive ao mal-humorado do Lapa T que, tantas vezes, me fez visitar o 36º DP.

Aos cobradores, um pedido de desculpas pelos excessos da juventude. Se servir de consolo, saibam que, vinte anos depois, eu não conseguiria passar por baixo da catraca com a mesma agilidade.

Aos comandantes de avião e às tripulações que me levaram a aventuras inesquecíveis mundo afora.

Aos linhas de frente da Mancha Verde na época em que eu me associei à entidade: Robertinho, Giovani, Tov e Reginaldo. Aos dirigentes que vieram depois pelo aprendizado, pelos exemplos (mesmo os não tão bons) e por fazerem da minha torcida a "escola de arquibancada".

Ao André Guerra, atual presidente da Mancha, e ao Jorge Luiz, líder nato da zona sul: pelas entrevistas disfarçadas de conversas e pela leitura de alguns capítulos.

Aos companheiros do Dissidenti, todos, pelas experiências memoráveis no número 44 da rua Caraibas. Pelas festas, pelos jantares (saudade, Pessini!), pelas noites maldormidas em bons hotéis ou em pulgueiros miseráveis. Um brinde à nossa amizade.

Ao Borgonovi e ao Craudio, pelas duas décadas de irmandade.

A cada um dos rostos familiares dos últimos trinta anos — inclusive àqueles que sou incapaz de nomear. O intuito era listar um a um, mas logo percebi que seria uma missão inglória e sujeita a omissões, de tal modo que personifico a lembrança na figura do Luigi Pacifico, certamente o amigo que mais vezes assistiu a jogos ao meu lado.

Aos ídolos de verde que são merecedores da minha eterna reverência: Edmundo e Evair; São Marcos e Felipão; Fernando Prass e Dudu.

A Romário, que, por ele só, motivou tantas idas ao estádio.

A José Silvério, por antever e narrar com precisão as maiores explosões de felicidade da minha vida.

A Nick Hornby, Eduardo Galeano e Bill Buford, autores dos três tratados sobre futebol que mais me impactaram.

Aos leitores e às leitoras do *Forza Palestra*: promessa cumprida!

Se este *Forasteiros* teve a qualidade necessária para integrar o catálogo da Editora Grande Área, isso muito se deve a:

— Celso de Campos, autor e editor de mão-cheia: saiba, meu caro, que aquele almoço no PF da avenida Paulista mudou os rumos desta obra.

— Edu Goldenberg, chanceler da "tropa palestrina" no Rio e cronista rodrigueano dos botequins cariocas (da Tijuca em especial).

— Felipe Giocondo, companheiro de arquibancada e de ideologias: um brinde às memórias conjuntas e aos princípios de vida.

— Fernando Galuppo, meu parceiro de Lapa H, meu padrinho de casamento, meu conselheiro: ao Palestra, meu irmão.

— Gabriel Uchida, pelas imagens tão cuidadosamente escolhidas para este livro e por um dia ter criado o FotoTorcida.

— Gustavo Mehl, Irlan Simões, Leandro Iamin, Paulo Junior e todos os demais parceiros da Central 3.

— Luiz Antonio Simas, o maior pensador brasileiro dos nossos dias, um intelectual que fala a língua do povo: é uma honra tê-lo por aqui.

— Matias Pinto, Nico Cabrera e Flaco Amarelo, o trio de consultores *hermanos*, essenciais para dirimir dúvidas e inseguranças sobre a língua espanhola e terminologias do *tablón*.

— Mauro Beting, pelo engajamento imediato.

— Mauro Cezar Pereira, defensor de primeira hora da arquibancada e responsável por abrir as portas para esta publicação.

— Rogério Barberi e Teo, personagens recorrentes destas páginas.

— Sandro Cabral, amigo *soteropaulistano* e conselheiro intelectual para assuntos diversos.

AGRADECIMENTOS DO AUTOR

— Welington Andrade, estimado professor na Faculdade Cásper Líbero e primeiro leitor do material na íntegra: pelos apontamentos críticos, pelas ressalvas e pelas críticas fundamentadas.

— Amigos e amigas que me ajudaram a resgatar antigas lembranças ou emprestaram horas preciosas de suas vidas para ler e criticar de pequenos trechos a capítulos inteiros: Adriano Pinzon, Bernardo Buarque de Hollanda, Beto Boi, Beto Douek, Claudia Maia, Daniel Cassiano, Daniele Moraes, Daniel Patriarcha, Daniel Pinheiro, Danilo Fernandez, Diego Zupo, Douglas Ceconello, Felipe Quintans, Fernando Cesarotti, Fernando Sciarra, Franco Sciarra, Giovanna Concilio, Guilherme Costa, João Malaia, João Medeiros, João Ricardo Pisani, Junior Cabrerão, Laura Cadaval, Leandro Vignoli, Leonardo Sacco, Leonor Macedo, Lopes, Luciana Blumenthal, Luiz Fernando Marrey Moncau, Luiz Gonzaga de Mello Belluzzo, Luiz Romani, Marcelo Duarte, Marco Nespoli, Mayara Bertani, Milton Seligman, Pepe Reale, Rafael Perobeli, Raphael Borges, Ricardo Lombardi, Sylvio Mukai, Sharon Eve Smith, Susan Lee Barneschi, Thiago Cesario, Victor Hugo Da Roz, Wagner Giannella e Zoinho.

Por fim, ao Gabriel Gobeth, ao Felipe Borges e ao Bruno Rodrigues, que acreditaram no projeto e tiveram a coragem de investir em um tipo de literatura que nunca teve o devido espaço. Registro, aqui, toda a minha gratidão pelo cuidado demonstrado desde o primeiro momento e por permitirem que minhas memórias, reflexões e reminiscências fossem para o papel impresso com o padrão de excelência da Grande Área.

A você, torcedor ou torcedora, que muito me honra com a leitura desta obra. Muito obrigado!

À arquibancada!

AGRADECIMENTO ESPECIAL AOS LEITORES DA GRANDE ÁREA

Nos primeiros meses de 2020, quando começava a cair a ficha da pandemia não só no Brasil, mas em boa parte do mundo ocidental, a Editora Grande Área se via em uma encruzilhada. Com dificuldades financeiras e já sob o peso inicial das transformações impostas pelo "novo normal" — por exemplo, a adoção do fundamental distanciamento social e todas as suas implicações, como o fechamento de shopping centers, livrarias de rua e tantos outros pontos de venda —, nossas perspectivas, que já pareciam espinhosas, tornaram-se ainda mais ameaçadoras. Para tentar vencer esse momento de adversidade, a saída que encontramos (e que viria a mudar a história da editora) foi a de abrir o coração e convocar os leitores, as pessoas que conheciam e de alguma forma admiravam nosso trabalho, a nos resgatar. E assim nasceu, nas nossas redes sociais, a campanha #AjudemaGrandeÁrea. A repercussão foi enorme — e até certo ponto surpreendente. Sentimos o carinho de centenas e centenas de pessoas, que estenderam a mão para nos ajudar a sair de um buraco que, para nós, parecia ser fundo demais. Mas os leitores conseguiram: difundiram nossa mensagem, adquiriram nossos livros — em poucos dias, mais de 60% do que tínhamos em estoque — e nos deram um empurrão gigante. Tão grande que, de lá para cá, pudemos lançar a autobiografia de Johan Cruyff, obra que os leitores mais nos pediam para publicar, e também nosso primeiro trabalho original, de um autor nacional, o imperdível

O futebol como ele é, escrito por Rodrigo Capelo. Com este brilhante *Forasteiros*, de Rodrigo Barneschi, outra publicação original da nossa editora, acreditamos estar pavimentando mais um trecho de um longo caminho, que nos levará a um destino de sonho: continuar fazendo de uma paixão, os livros sobre futebol, nosso ofício. A cada um de vocês que nos ajudaram no momento mais difícil, nomeados a seguir, expressamos o mais sincero agradecimento e o especial desejo de tê-los por perto no restante da caminhada. Vida longa aos leitores da Grande Área!

Aaron José de Barros de Alencar Carvalho, Abérides Nicéas de A. Neto, Abigail Rodrigues Almeida, Abnner dos Santos Andrade de Vasconcelos, Adan Douglas dos Santos, Ademar Trigueiro Lima, Adriano Dias Gago, Afonso Ribeiro, Agildo Medeiros Neto, Agnaldo Rodrigues Pereira Junior, Alan Oliveira Alves da Silva, Alana Linhares Lopes, Alberto Bastos Fanck, Alberto Nassar Paiva, Aldrean de Oliveira Ferreira, Alessandra Gomes Monteiro, Alessandra Santana Martins, Alexa Simon, Alexandre Albuquerque Filho, Alexandre Cician, Alexandre da Costa Ramalho Ribeiro, Alexandre da Cruz Marques, Alexandre Freire de Carvalho Gusmão, Alexandre Henrique Nunes da Silva Almeida, Alexandre Kaknis Neto, Alexandre Marcos Menino Alves, Alexandre Moretti Moriconi, Alexandre Mota Lacerda, Alexandre Reis Santos, Alexandre Rocha do Nascimento, Alexandre Vinicius Ferrari Guilherme, Alexsander Nascif de Barros, Alexsandro dos Santos, Alfredo Gomes dos Santos Neto, Alícia Rufino Soares, Alinne Mariane Fanelli e Mastiguim, Alisson Lima, Allan de Jesus Xavier dos Santos, Allan Matheus, Allison Conceição Vieira, Altair Pinto da Silva, Aluizio Henrique Dutra de Almeida Filho, Alyson Jordan Ladislau Gamarra, Alysson Dantas, Amauri Pedro Albuquerque Júnior, Americo Gomes Mesquita Neto, Amyr Harbouki Moura, Ana Carolina Vebber, Ana Caroline Lima, Ana Flávia S. R. Santos, Ana Paula Canhedo, Anderson Andreoli Martins, Anderson Barreto, Anderson Daniel Galdino Oia, Anderson David Gomes do Santos, Anderson Nelson Merlo, André Almeida, André

Almeida Bastos, André Araújo Santiago, André Arias Soares Netto, André Baldini de Melo, Andre de Castro Valadares, André Eiki Matsumura, Andre Eugenio Marcondes, André Fernando, André Frehse Ribas, André Galvão Soares, Andre Joaquim Borges Figueiredo, André Luis Pinheiro de Campos, Andre Luis Soares Magalhães, Andre Luis Teixeira Godinho, André Luiz da Silva Martins, Andre Luiz de Jesus Souza, Andre Luiz Gomes Melo, André Luiz Santos Nascimento, André Marinho Moreira, André Neri Sampaio de Oliveira, André Ramicelli Santos, André Roberto Machado Filho, Andre Serra, André Souza, Andre Stepan Fernandes Kaloubek, André Vitor Ribeiro Cardoso, Andreas Granado, Andreos Alves, Andrey Hugo Ramos Printes, Anna Carolina Cruz, Antônio de Quadros Andrade Junior, Antonio Eduardo, Antonio Gabriel Di Atlanta Valente, Antonio Jose Lima de Sousa Filho, Antônio Lins de Moraes Guerra, Antônio Sérgio Maria da Silva Jr, Apollo Derlan Lopes de Assis, Ariel Winícius Marconatto, Arlei Bakun Junior, Armenio Rodrigues Loes Neto, Arthur Guimarães Gonzalez, Arthur Lisboa do Santos, Arthur Machado de Almeida, Arthur Mesquita Mello Marques, Arthur Miranda do Vale Ribeiro, Arthur Moura, Arthur Primocena Carneiro, Arthur Souza de Vito, Arthur Stabile Freitas, Arthur Wendling de Macedo, Artur de Noronha Fonseca de Oliveira, Ary Alfredo Pereira Fortes, Átila Maroni Mascarenhas, Augusto Cesar Ferreira de Moraes, Augusto Tiecher Toriani, Aurelio Estanislau, Aurelio Mattos Padua Neto, Beatriz Carvalho, Beatriz Kalil Othero Fernandes, Beatriz Lima de Carvalho, Bernardo Cavalcanti Freire, Bernardo Ferreira Estillac Leal, Bernardo Gentile de Oliveira, Bernardo José Fantinato Pacheco, Bernardo Lopes Pereira, Bianca de Oliveira, Bibiana Bolson, Borny Cristiano Do, Brena Celia Cardoso Soares, Brenno Luiz Ribeiroda Costa, Bruno Almir Scariot Alves, Bruno Alves do Santos, Bruno Alves Rocha, Bruno Bertoncini Alves, Bruno Bustamante, Bruno Cabral, Bruno Cesar Gomes Silvestre, Bruno Daher Bacil, Bruno Edgarda Silva de Lima, Bruno Faccini Santoro, Bruno Felipe de Barros Cemcher, Bruno Ferreira Chazan, Bruno Garcia Costa, Bruno Guimarães Miranda, Bruno Leal Giubellini, Bruno Lemes, Bruno Luis Piazza, Bruno Macedo Moreira, Bruno Menegon Nossig, Bruno Moschen

AGRADECIMENTO ESPECIAL AOS LEITORES DA GRANDE ÁREA

Tissot, Bruno Muniz Ramos, Bruno Nakajima Pellizzer, Bruno Neis da Silva, Bruno Nerbass, Bruno Nicolodi, Bruno Petrocelli Teixeira, Bruno Renzetti, Bruno Rosostolato, Bruno Santos Noronha, Bruno Trinkenreich, Bruno Yukio Duarte Yamamoto, Caetano Veiga da Silva Júnior, Cainan Rafael Jaboinski Silva, Caio Antonio Arroyo Goncalves, Caio Bianchini, Caio Cézar Lacerda Maia, Caio Cezar Siqueira Pinto, Caio da Cruz Mello, Caio Hauschild Cobra, Caio Henrique de Oliveira Tiago, Caio Henrique Pinto Alves, Caio Henrique Silva de Souza, Caio Lorena de Menezes Dores, Caio Lucas Santana Peixoto, Caio Marinelli Teixeira, Caio Moura Nunes, Caio Pedro Carrara Sabbadin, Caio Possati Campos, Caio Rivoli, Caio Victor Araújo Gomes, Caio Vinicius Dellagiustina, Caio Zavarezzi Balieiro, Carlo Henrique da Silva Marques, Carlos A. N. Brazil, Carlos Alberto Panizza, Carlos André Nogueira de Souza, Carlos Augusto Ferrari, Carlos Eduardo Bellini Borenstein, Carlos Eduardo Correia da Silva, Carlos Eduardo de Resende, Carlos Eduardo de Souza Filho, Carlos Eduardo Gomes Cabral, Carlos Eduardo Mitsuo Nakaharada, Carlos Eduardo Xavier de Souza, Carlos Henrique Girard Teixeira de Carvalho, Carlos Mota, Carlos Vieira, Carlos Wanderson Rocha Souza, Carmo Emanuel Almeida Biscarde, Carolina Chrispim Pires dos Santos, Caroline Machado Figueiró, Caroline Santos Neves, Cassio Cardoso Matos de Melo, Cássio Ferreira Figueiredo, Cassio Toledo, Caue Damacena Rocha, Cawan Baptista de Amorim, César Augusto, César Filippini, Charley Vieira Moreira, Christovao Moreira da Cruz Filho, Ciro Affonso de Azevedo, Clara Cruz Neves, Claudio Campos Filho, Claudio Minoru Yosida, Cláudio Vinicius Amorim Vilas Bôas, Crislaine Pereira Moraes, Cristian Muniz dos Santos Junior, Cristiano Canedo Sanglard Starling Albuquerque, Cristiano Pinheiro, Cristiano Rodrigues da Silva Cesar, Cyro Bueno Pedroso, Dalbert Dias Costa Silva, Daniel Alberto Assis Souza, Daniel Augusto Evangelista Belarmino, Daniel Banal Costa e Silva, Daniel Consani, Daniel Dantas Abilio, Daniel de Souza Zalaf, Daniel Dias Ribeiro, Daniel do Santos, Daniel Ferreira Costa, Daniel Gallo, Daniel Gustavo Falcão Pimentel dos Reis, Daniel Machado Campos, Daniel Maciel Siqueira, Daniel Monteiro Nunes dos Santos, Daniel

Montenegro, Daniel Pires Christofoli, Daniel Sartorato Busatto, Daniel Silva Monteiro, Daniel Vasques, Danillo Mulati Bittencourt, Danillo Roger Ribeiro, Danillo Valente da Silveira, Danilo Clariano de Faria, Danilo de Souza Valim, Danilo Pires Ferreira, Danilo Quintella Paes, Danilo Santana do Nascimento, Darlete Cardoso, Davi Ferri Cani, Davi Grotto, Davi Machado Neto, Davi Oliveira Barbosa, Davi Pereira Oliveira e Sousa, David Leonardo Nascimento de Figueiredo Amorim, David Schwaderer, Deivithi Silva Lopes, Dener Osório da Silva Pedro, Denilson Rodrigues de Almeida Rocha, Denis Alves, Denis Guimarães, Denis Henrique Teixeira Comisso, Diego da Silva Louzada, Diego da Silva Padovani, Diego Dantas Calixto, Diego de Souza Cigolini, Diego Dias Montenegro, Diego Domingues, Diego Lopes dos Santos, Diego Luiz Marques Ferreira, Diego Palma Pendon, Diego Pepe Cordeiro, Diego Silveira Lepre do Carmo, Diego Varella Lordello de Mello, Dimas Coppede, Dimas Donizeti Lignelli, Diogo Brito, Diogo de Souza Costa, Diogo Schuler Giacomini, Domiciano Barreira de Souza, Donald Felipe Paiva Magalhães, Douglas Barbosa de Oliveira, Douglas Bazolli Soares Silva, Douglas Gabriel Cardoso, Douglas Ivon Albino, Douglas Pires de Oliveira, Douglas Reis Brito, Drielly Eloise de Oliveira Grego, Eder Sguerri, Edgar Delfino Júnior, Edgard M. Elias, Edison Santiago, Edson do Nascimento Bezerra, Edson Martins, Eduardo Augusto Delabio Rodrigues, Eduardo Augusto Jaszczerski dos Santos, Eduardo Berol da Costa, Eduardo Bertrand Coelho, Eduardo da Cunha Rocha Junior, Eduardo da Rocha Favre Drummond, Eduardo de Oliveira, Eduardo do Carmo da Costa Junior, Eduardo Fonseca Lassance Maya, Eduardo Gomes Mendes, Eduardo Haeberlin, Eduardo Henrique Ferreira, Eduardo Henrique Oliveira, Eduardo Horacio da Costa e Silva Junior, Eduardo Lopes Gombio, Eduardo Madeira, Eduardo Madeira Tavares Junior, Eduardo Monsanto da Rocha, Eduardo Morais Macedo, Eduardo Neves Robaina da Silva, Eduardo Panzi, Eduardo Tega, Eduardo Tironi, Elber Nogueira Lima, Elder Patrick Dantas, Elias de Sales Oliveira, Elias Eduardo Mansur, Elias José da Silva Santana, Ellan Peixoto Pereira, Elthon Ranyere Oliveira Aragão, Elton Alves de Carvalho, Elton Kleber

Bortoloso, Emanuel Vargas da Silva, Emerson Cardozo Pereira Junior, Emilio Freire, Emmanuel Louys Oliveira, Empório das Lãs, Endreo Felipe de Almeida, Erich Augusto Fernandes, Erich Tomas Eduard Valera Milward Meiners, Erick Borges Gontijo de Souza, Erick Luan dos Santos Jantini, Erickson da Silva Nogueira, Érico Benseñor Lotufo, Érico Diego da Silva dos Reis, Erico Pigozzi Cassaro, Erik Rodrigues da Silva, Erwin Spitzner, Euler Amorim D'Almeida Neto, Evandro Campos Claudino, Evandro Dunoyer, Evelyn Marques de Oliveira e Souza, Everton de Almeida Silva, Everton de Sousa Medeiros, Ewerton Oliveira de Jesus, Fabiano Aparecido Braz, Fabiano Prates Behlke, Fabio Calil Belem, Fabio Damasceno, Fábio dos Santos Ventura, Fábio Felice, Fábio Gulo Pereira, Fabio Kadow, Fabio Kopp da Silveira, Fabio Ramalho, Fábio Salum, Fábio Silveira Junior, Fabricio Costa Guerra, Fabricio da Silva Oliveira, Fabrício de Oliveira Toth Bellas, Fabricio de Sousa Brandão, Fabricio Eduardo Rodrigues Duarte, Fabricio Pereira Duarte, Felix Batista Barbosa Junior, Felipe Alves, Felipe André Pereira Alves, Felipe Assis Monte, Felipe Barbosa Mazzuia, Felipe Carlos da Silva, Felipe Carraro, Felipe Carvajal Marcondes de Oliveira, Felipe da Silva Dantas, Felipe das Neves Pinto de Oliveira, Felipe de Almeida Costa, Felipe de Castro Simonetti, Felipe de Freitas Bönecker, Felipe de Moura Garrido, Felipe de Oliveira Galvani, Felipe dos Santos Machado, Felipe Gomes Mendes, Felipe José da Costa Santos, Felipe Legrazie Ezabella, Felipe Lobo Batista, Felipe Luiz Alves Jardim, Felipe Martinez Cutrim, Felipe Massoni Prado Cruz, Felipe Pereira de Avila, Felipe Ribeiro Duarte, Felipe Santana, Felipe Santos Mori de Araújo Felipe, Felipe Suzegan, Felippe Benhur Ferreira dos Santos, Fernanda Dai, Fernanda Schuch, Fernando Amantea Ferreira, Fernando Augusto Trevisan, Fernando Campos Ribeiro, Fernando Carvalho Pinto, Fernando Cesar, Fernando Domingos Bernardes, Fernando Gonzaga, Fernando José Costa de Siqueira Campos Barros, Fernando Lopes Alves da Silva, Fernando M. Gregori, Fernando Paiva de Oliveira Filho, Fernando Pavanelli, Fernando Romano Carvalho, Fidel Perez Flores, Filipe Assunção de Oliveira, Filipe de Queiroz Rocha, Filipe Faria de Faria, Filipe Molina, Fillipe Augusto Stulpen da Rosa, Fillipe Soutto

Mayor Nogueira Ferreira, Flávio Amendola, Flavio Francisco de Lima, Flávio Gleison Gomes Meira, Flávio Ilha Barreto Viana, Flavio Ordoque, Flávio Victor Mascarenhas Meireles, Francisco Áderson dos Santos Vasconcelos, Francisco Ciclindo Rodrigues Pimenta Neto, Francisco Gildivan Oliveira Barreto Filho, Francisco Mateus Ferreira Nobre, Franco Yudi Kose, Frederico Luz Loureiro Romberg, Frederico Mendes Araujo, Frederico Moraes Monteiro, Frederico Oliveira Paes, Gabriel Alves Tamm de Lima, Gabriel Barros, Gabriel Bueno Diniz Siqueira, Gabriel Buissa Ribeiro de Freitas, Gabriel Carlos de Santana Capelli, Gabriel Cerbino, Gabriel Cesar, Gabriel Corrêa Cillo, Gabriel da Silva Neves, Gabriel de Almeida, Gabriel de Almeida Curvelano, Gabriel de Almeida Sawaf, Gabriel de Assis Pacheco Blumenschein, Gabriel Fonseca Vilela, Gabriel Godinho Catizane, Gabriel Gonçalves Loureiro, Gabriel Henrique de Castro Nunes, Gabriel Henrique Lopes Soares, Gabriel Henrique Ritter, Gabriel Honorato de Nani, Gabriel Ivan Barroso, Gabriel Jara, Gabriel Jost Muniz, Gabriel Lara Danta Dias, Gabriel Lopes, Gabriel Luiz Pereira Bertan, Gabriel Malagoni de Castro Guedes Arcos, Gabriel Maranhão S. A. Santana, Gabriel Mecca Sampaio, Gabriel Medina Silva, Gabriel Mourão Batista, Gabriel Muniz dos Santos, Gabriel Neri Gonçalves de Matos, Gabriel Ortiz Affonso, Gabriel Paolucci Arantes, Gabriel Pinheiro Franz Carvalho, Gabriel Prado Vicente, Gabriel Queiroz de Lima Nogueira, Gabriel Queiroz de Souza, Gabriel Roberti Gobeth, Gabriel Rosa Mendes, Gabriel Rovedder, Gabriel Rugai Cunha Lima, Gabriel Silva Nery, Gabriel Soares dos Santos, Gabriel Tavares Pereira, Gabriel Thomasi, Gabriel Thomaz Pereira Lavrador, Gabriel Victor Mendes Spies, Gabriel Vitor Ferreira da Silva, Gabriela da Silva Lima, George Mofarej, Geraldo Zarpelon Junior, Gilberto Mendes Calasans Gomes, Gilson Freitas, Gilvan da Silva Rodrigues Junior, Gilvan Leoncio Marques, Giovane Frassati, Giovane Sartori, Giovane Souza Santos de Oliveira, Giovani Scatolin, Giovanne Micheletti de Oliveira, Giovanni Bolfarini Guiotti Campanatti, Giovanni Disegna, Giovanni Falcetta, Giovanni Ramon de Mira, Giulio Zanone Eugenio, Gregorio Satte Alam Klauck, Gregory Nogueira, Guilherme Alves Simmer, Guilherme Ariolli

AGRADECIMENTO ESPECIAL AOS LEITORES DA GRANDE ÁREA

Salustiano, Guilherme Balbi, Guilherme Borges Moraes Silva, Guilherme Brandão Tourinho, Guilherme Bruno de Luca, Guilherme Cajueiro Ceccotte, Guilherme Claure, Guilherme Crepaldi, Guilherme Curra, Guilherme de Oliveira Vargas, Guilherme Felipe Souza Fernandes, Guilherme Freitas, Guilherme Henrique Celestino dos Santos, Guilherme Henrique Marques Fagundes, Guilherme Hotz Marangon, Guilherme Lima Araujo, Guilherme Lopes Tocchetto, Guilherme Machado Nunes, Guilherme Maiorano dos Santos, Guilherme Papalardo Abarno, Guilherme Pereira, Guilherme Prisco, Guilherme Royer Fank, Guilherme Serafim, Guilherme Stefani Carlini, Guilherme Taniguchi Campos, Guilherme Valladão Pires Gama, Gustavo Albuquerque Martins, Gustavo Bandeira da Ressurreição, Gustavo Bittencourt Prestes, Gustavo Cezimbra Borges Leal, Gustavo Dal'Bó Pelegrini, Gustavo de Lima Rolin, Gustavo Dervelan Martin, Gustavo Fogaça, Gustavo Francetto Spada, Gustavo Gama, Gustavo Guerra, Gustavo Henrique Justino, Gustavo Henrique Nascimento Soler, Gustavo Mascarenhas Vasconcellos, Gustavo Prisco dos Santos, Gustavo Pulido, Gustavo Ruggiero Marques, Gustavo Santos de Camargo, Gustavo Soares de Amorin, Gustavo Velloso Verginelli, Gustavo Vieira Gomes Assed Kik, Gutemberg Ferreira de Lima, Gutemberg Givanildo Silva, Hamilton Moutinho Rodrigues, Hanyelie Macedo Borges, Haron Molina, Harrison da Silveira Vianna, Hedyr Rodrigues de Sousa Carvalho, Heitor Barros Nery da Silva, Helio Camargo Junior, Henrique Levate Gomes da Silva, Henrique Azevedo Silveira, Henrique Barbosa de Souza, Henrique Bechara, Henrique Benetti Rojas, Henrique Cavalcanti Coelho Pereira, Henrique Cristane Domingues, Henrique Dias Alperstedt, Henrique Fernandes Junges, Henrique Gonçalves Trindade Filho, Henrique Hamawy, Henrique Junqueira de Andrade Costa, Henrique Larsen Brunow Ventura, Henrique Meyer, Henrique Rosa Senra Soares, Henrique Sassi de Brito, Henrique Takashi Miura, Henrique Vargas, Henrique Vigliotti Silvestre, Henry Chrystian da Silva Santos, Hiago de Paula Oliveira, Hilan Ribeiro de Morais Lopes, Hirley Roberto Trierweiler, Hudson Henrique Caldeira Brant, Hudson Raulino de Oliveira, Hugo Campos de Souza, Hugo de Faria Pinhel da Silva, Hugo Gomes Gandra, Hugo

Gonzaga Mota Peixoto, Hugo Griz, Hugo Leonardo Barros de Paula, Hugo Marques Cardoso Campos, Hugo Messias Jonas, Hugo Santos Ribeiro de Assis, Hyago de Paula Silva, Iaco Lopes Dantas Cartaxo, Iago Fernandes Marquioli, Iago Gonçalves da Fonseca Zanetti, Ian Romeiro, Iara Souto Ribeiro Silva, Iderlam dos Santos Vieira, Igor Antonio Maia Goncalves, Igor de Oliveira Concolato, Igor dos Santos Salomão, Igor Emanuel de Souza Correia, Igor Goes de Oliveira, Igor Mello, Igor Moura Chiappetta, Igor Pereira Vieira, Igor Poffo, Igor Serrano, Igor Tonetti Benevides, Isaac Nunes Borges, Isabela Gobetti Merçon de Lima, Isac dos Anjos Soares, Italo de Souza Barbosa, Italo Mario Rodrigues de Souza Filho, Ivan Campinho Pessoa, Ivan de Andrade Paixão, Ivan Pedro Carvalho dos Santos, Ivone Ananias dos Santos Rocha, Jacques Besnosik, Jaime Luchetta Gavazzi, Jaine Santos de Oliveira, Jarbas Duque de Oliveira, Jardel Dantas da Rocha, Jean Carlos Vieira Batista, Jean de Souza e Souza, Jean Lucas Adriano da Silva, Jean Silva Oliveira, Jeane dos Santos Araújo, Jenisson Edy Viana Bartniski, Jessica Guanabara Fernandes, Jhonata J. da Rocha, Jhonatan Veber, Joao Anttonio Costa e Silva, João Batista de Carvalho Neto, João Carvalho, Joao Daniel Araujo, Joao Dantas do Nascimento Neto, João Eduardo Pereira da Silva Junior, João Felipe Santos Silva, João Filipe Serra de Rezende, João Guilherme Santos Rodrigues, João Henrique Barreto Correa, João Herbert Alves Arruda, João Hugo do Nascimento, João Lucas Ervaz Garcia, João Luís Menon da Silva, João Martins, João Paulo Evangelista Guedes, João Paulo Guimarães Alves, Joao Paulo Santos Meira, João Paulo Silveira, João Paulo Subirá Medina, João Pedro da Cunha Amorim, João Pedro das Chagas Borges, João Pedro Dias Bonetti, João Pedro Montorfano Cruz Santos, João Pedro Pessoa de Almeida, João Pedro Salles da Silva, João Pedro Stec, João Pedro Vasconcelos, João Praetzel Kurtz Gonçalves, João Raffael Veloso Soares, João Ricardo Lima, João Ricardo Pisani, João Ricardo Virgílio Ziert, João Roberto Azevedo, João Roberto Zarif Conde, João Tadeu Weck, João Túbero Gomes da Silva, João Victor Camacho Ventura, João Victor Lopes Silva, João Victor Soares Chagas, João Vinícius Macedo Benites, João Vital dos Santos Neto, João Vitor

Vereza Regis de Brito, Joaquim Lo Prete, Jober Sian, Jonas Rodrigues de Sousa, Jonatan Dutra, Jonathan Franco dos Santos Souza, Jordan Ferraz Paiva Souto, Jorge Fernando Tondato Merlin, Jorge Henrique Martins Cruz, Jorge Luis Bajerski, Jorge Polettini, Jorge Washington Silva de Sousa, José Albino Campitelli Junior, José Antônio Pires Lummertz, José Antonio Teixeira de Oliveira Filho, José Augusto de Almeida Prado Ferreira de Castilho, José Augusto Mantovani, José Eduardo Felix, José Felipe Santos da Silva, José Gabino Loureiro de Barros Lima, José Henrique Koltermann, José Jarbas Araújo dos Santos Júnior, José Leandro dos Santos Benício, José Luiz de Araújo Conte, José Luiz Silveira Limeira, José Marcio Rodrigues, José Martins, José Rennan Medeiros, José Victor Jardim da Silva, José Vinícius Ribeiro do Nascimento, Josimar Rodrigues dos Santos, Juan Carlos Borgonovo, Juan Carlos de Medeiros, Juan Colonese, Juan Wippel, Julia Colonetti Bitencourt, Juliano Dornelles Martins, Julio Enrique Cereguin Reis, Julio Gonzaga Guidi, Kainã Roque Nogueira dos Santos, Kaio Gustavo Weihermann, Kaio Vinicius Fernandes de Brito Cavalcante, Kaique Ribeiro Lopreto, Kamila Ferreira Moreira, Karine Gomes de Souza, Karine Nascimento, Karolina Pedroni, Karyne Teixeira Costa de Souza, Kelwin Dalton Amaral Martins, Kennedy Rosel Alves Medeiros, Keven Lucas Gonçalves Vieira, Laura Arantes Gobbi, Laura Dozza Reis, Laura Mariana de Andrade Lima, Lauro Henrique Stankiewicz, Leandro Augusto Silveira, Leandro Bortholacci Gonçalves da Silva, Leandro José de Sousa Stein, Leandro Lainetti, Leandro Marcante, Leandro Nakayama, Leandro Oliveira de Andrade, Leandro Ricino, Leandro Romualdo Leite, Lennon Victor, Léo Cimadon, Leon Nascimento Gomes, Leonardo Alves Leite, Leonardo Alves Trancoso, Leonardo Calado Gonçalves do Sul, Leonardo Correia Lima Garrido, Leonardo Cruz Fraga Damasceno, Leonardo da Silva Mendonça, Leonardo de Camargo Final, Leonardo de Souza Lima, Leonardo Ferreira Brugiolo, Leonardo Langa, Leonardo Lessa Prado Nascimento, Leonardo Mantovani Pereira, Leonardo Matias Torreão, Leonardo Morato de Carvalho, Leonardo Neres Coelho de Medeiros, Leonardo Oliveira da Silva, Leonardo Pereira, Leonardo Pimenta Santos

RODRIGO BARNESCHI

Cruz, Leonardo Ramos Fraga, Leonardo Spilere Benedet, Leonardo Tabai, Leonardo Thales Terras, Leonardo Vieira Lemberg, Leticia Fernanda Ronda, Letícia Moraes, Lilian Maria de Oliveira Carneiro, Lilian Regina Trigo Ribeiro, Lourenço Moreira Marchesan, Luan Batista Rangel, Luan Carlos Neto, Luan Claudio Alves de Souza Corrêa, Luan Moreira e Silva, Luan Pedron Paiva, Luana Kaseker da Silva, Luca Laprovitera de Lima, Luca Ranieri de Castilho, Lucas Almeida Gonçalves Eustáquio, Lucas Alves Chuba, Lucas Araujo Chagas do Nascimento, Lucas Augusto Ferreira Ramos, Lucas Bizelli, Lucas Borges de Sousa, Lucas Braga Mulin, Lucas Bueno Coelho, Lucas Caniato, Lucas Correia, Lucas Cotrim, Lucas da Silva Pedrosa de Holanda, Lucas de Moura Gromboni, Lucas de Oliveira Pinto, Lucas Dê Simone Bachião da Silveira, Lucas dos Santos Freitas, Lucas dos Santos Richter, Lucas dos Santos Saragiotto, Lucas Fernando Mioto, Lucas Gabriel Coelho Oliveira, Lucas Gabriel da Cruz Oliveira, Lucas Gislery, Lucas Gonçalves, Lucas Henrique Moia Figueiró, Lucas Iglesias, Lucas José Penarotti Pimenta, Lucas Kotovicz, Lucas Leite, Lucas Lins Lopes Machado, Lucas Manzano Sganzela Guanaes, Lucas Marcelo Aparecido Ferreira, Lucas Marques Teófilo, Lucas Monteiro, Lucas Moreira de Souza, Lucas Nassaralla Malheiros de Magalhaes, Lucas Newman, Lucas Paulo Boscarato da Silva, Lucas Pereira de Andrade, Lucas Pereira Nascimento, Lucas Pessôa Garcez de Aguiar, Lucas Peter Medeiros, Lucas Piero Daros, Lucas Rezende de Medeiros, Lucas Ribas Vianna, Lucas Rondon Spadale, Lucas Rossi Gomes, Lucas Scott, Lucas Sidrim Gomes de Melo, Lucas Silva Alencar, Lucas Silveira Neves, Lucas Tavella Michelan, Lucas Teixeira Moreira, Lucas Thimoteo, Lucas Tomazelli da Silva Oliveira, Lucas Trujillo Barozzi, Lucas Vicente Rodrigues, Lucas Vieira Pires, Lucas Villa Siqueira, Lucas Zottarelli, Lucas Alhadas, Lucca de Paula Silva Lopes, Luccas Beschorner de Souza, Luciano Vaz, Luhana Baldan, Luis Antônio Soster Dias, Luís Eduardo Meira de Andrade, Luís Felipe Athayde de Vasconcellos, Luis Felipe da Cunha Duarte, Luís Felipe Grotti Pinella, Luis Felipe Soares Ferreira Wetterling, Luis Fernando Chagas Rezende, Luis Fernando Lima, Luis Guilherme Lemos Hasselmann, Luis Gustavo Semkiw, Luis Henrique de

Oliveira, Luís Henrique Orio, Luis Rodrigo Troyner, Luiz Alberto da Silva Bozzolo Jr., Luiz Antonio de Oliveira Bisneto, Luiz Carlos Cabral Junior, Luiz Carlos da Costa Filho, Luiz Carlos de Almeida, Luiz Carlos de Araújo Jr., Luiz Cavalcanti, Luiz Felipe Innocente Longo, Luiz Felipe Santoro, Luiz Fernando Gallo Issa, Luiz Fernando Matte Doering, Luiz Gustavo Ferreira e Silva, Luiz Gustavo Nunes de Melo, Luiz Pettena, Luiza B. Fracasso, Lurian Pinto Schultz, Lycio Vellozo Ribas, Maiara Batista Dourado, Maiara Freitas Vitor, Maíra Oliveira da Silva, Manoel Afonso Ferreira Cunha, Manoel Asafe Ribeiro Frutuoso, Manoel Leonardo de Souza Arcanjo, Manoel Machado Severo, Manuel Vitor de Farias, Marçal Justen Neto, Marcel Albuquerque, Marcel Lopes, Marcelino Alves Rocha, Marcello Macedo de Mattos, Marcello Pereira Lima, Marcelo Andrade Ferreira, Marcelo Arantes S. N. Godoy, Marcelo Carvalho Faria, Marcelo Cortez Dilelio, Marcelo da Silva Nunes, Marcelo de Souza Pereira e Silva, Marcelo e Silva de Moura, Marcelo Fachinello, Marcelo Flora, Marcelo Marelli, Marcelo Prado Martuscelli, Marcelo Santos do Ó, Marcelo Silveira Guimaraes, Márcia Magalhães, Marcio Castello Miguel, Marcio Haruo Matsumoto, Marcio Ribeiro Rocha, Marco Antonio Dias, Marco Antonio F. Schuster, Marco Antônio Fernandes Filho, Marco Antônio Silva de Macêdo Mota, Marco Aurélio Ayupe Júnior, Marco Aurelio Bragatti Barbosa, Marcos Gabriel Silva, Marcos Luciano Duarte, Marcos Maciel Cardoso Pereira, Marcos Paulo Franzese Nascimento, Marcos R. V. Rojas, Marcos Rodrigues dos Santos, Marcos Vinícios Cardoso, Marcus Vinícius Feijó Staffen, Marcus Vinicius Sandrini Acorsi, Maria Catarina Barros, Maria Glória de Lima Matos de Faria, Mariana Cerdeira Machado, Mariana Reyes Moreto, Mariana Sartorato Jorge, Mariana Silva Machado, Marina Colpas Lopes, Marinalva Duri dos Santos, Mario André Mazzuco, Mário Furchineti Garcia, Mário Henrique Ferreira, Mario Sergio Simplicio Ribeiro de Almeida, Marisa Spinola, Marivaldo da Silva Cunha Junior, Marlon Carvalho, Márlon de Souza Leal, Marlon Fernandes, Martim Tassinari Aguiar, Marvio Araujo, Mary Goulart, Mateus Andre Ferreira Sousa, Mateus de Oliveira Figueiredo, Mateus Fernandes Soares, Mateus Friedrich, Mateus Oliveira Braga, Mateus Rodrigues Vieira da

Silva, Mateus Teófilo Tourinho Neto, Mateus Wallace Nascimento Furtado, Matheus Andrade Marques, Matheus Antonio Nascimento Miranda, Matheus Augusto Gouvea Proença Lopes, Matheus Barauna Bacelar Bisoi, Matheus Castaldi Silva, Matheus da Luz, Matheus Dantas Freire, Matheus de Carvalho Veloso dos Santos, Matheus de Oliveira Fiuza, Matheus do Espírito Masculino de Freitas, Matheus Doncev, Matheus Dorneles Figueiró, Matheus Emmanuel Silva do Nascimento, Matheus Fonseca Amorim, Matheus Garzon Alexandre dos Santos, Matheus Gurgel Borrel, Matheus Henrique de Oliveira, Matheus Henrique dos Santos Nascimento, Matheus Hossepian Hojaij, Matheus Loures Sá, Matheus Macedo Spinelli, Matheus Marques, Matheus Marques da Cunha Nery, Caio Henrique de Oliveira Tiago, Matheus Mello, Matheus Mello Penteado, Matheus Oliveira de Carvalho da Silva, Matheus Oliveira Gonçalves, Matheus Ortunho Moreira da Silva, Matheus Pedroso Rosa, Matheus Piquet, Matheus Pires Ramos, Matheus Ribeiro Calado, Matheus Rocha Pereira Alves, Matheus Servino de Carvalho, Matheus Teodoro, Mathias Rodrigues, Matias Barboza Pinto, Matias Maranhão, Mauricio de Castro, Maurício de Farias Marin, Mayara Munhoz Chechinato, Mayara Soares Alves Marinatti, Melquesedeque Edivardes Lima, Michael David Ruiz Franco, Michael Seymour Burt, Michel Ralan Barros, Miguel Andrade Catalunia, Miguel Enrique Almeida Stédile, Miguel Fagundes dos Santos, Miguel Prata Gonçalves Sardinha, Mike Torres, Moacir Dalpiaz de Souza, Mohamed Aly Bou Nassif, Mozert Meireles, Murillo Macedo de Almeida, Murilo Augusto, Murilo Basso, Murilo dos Reis Morbi, Murilo Jatene, Murilo Leitão Tavares, Murilo Rizzo Darme, Murilo Sgarbi Secanho, Murilo Silva Tanganeli, Murilo Tourinho Doria Guimarães, Natália Paiva Alves Ferreira, Natalie Gedra Senise, Nathália Arnosti, Nayara Perone, Nelson Rodrigo Marcelino, Neuber Boaventura Souto, Nicolas Medeiros, Nicolas Queiroz Boareto, Nicolas Santos de Araújo, Nicolau Saab Barbosa, Nicollas Vicentin Fontana, Niedson Cristiano Paciência Torres, Nilo Líbio Caldas dos Santos, Nilson Gonçalves Junior, Noan Nikolay Luz Batista, Norton Rafael Neves de Amorim, Octávio Cini Sacchett, Oliver Rainer Salomons, Oscar de Almeida Neuwald,

Osvaldo Henrique Assunção Pereira, Otávio Alves Rocha, Otavio Carvalho Tittoto, Otávio do Nascimento Pereira, Otavio Luis Niewinski Filho, Othomyller de Barros Melo, Ozorio S. Barbosa Neto, Pablo de Barros Dubinski, Pamella Veloso Maranhão, Patrich Fabricio Gabriel, Patrick Nogueira Ferreira, Patrick Souza Manhães de Oliveira, Paulo Augusto Mattar Markowski, Paulo Augusto Uber, Paulo Ferracioli Silva, Paulo Franco Neto, Paulo Henrique Badin Andreola, Paulo Henrique Caban Stern Matta, Paulo Magalhães Mian, Paulo Marcio Azevedo de Paula, Paulo Mendes de Souza, Paulo Nunes, Paulo Oliveira Godoi, Paulo Otávio Oliveira Godoy, Paulo Roberto Fernandes da Silva, Paulo Soares, Pavel Zanesco Ferreira, Pedro Augusto Marinho Jacome, Pedro Augusto Schelbauer de Oliveira, Pedro Augusto Torres Costa, Pedro Batista Flausino Neto, Pedro Boldino de Oliveira, Pedro Cunha, Pedro dos Santos Ribeiro Neto, Pedro Henrique Contiero Amoroso, Pedro Henrique da Silva Hara, Pedro Henrique Kohl Costa, Pedro Henrique Pereira Amadeu, Pedro Henrique Santana de Moraes, Pedro Henrique Soares, Pedro Humberto de Carvalho Figueiredo, Pedro Ivo Loures Lourenço, Pedro José Domingues, Pedro Leite de Carvalho Santos, Pedro Medeiros Klever, Pedro Monteiro Bittencourt, Pedro Ortiz Soares, Pedro Paiva, Pedro Parada Mesquita, Pedro Paschoal, Pedro Pires Petrucci Souto, Pedro Resende Bueno, Pedro Rodrigues Alvarenga, Pedro Rodrigues de Almeida III, Pedro Rodrigues Guedes Frei, Pedro Silveira Bueno Galante, Pedro Souza Alcebiades, Pedro Souza Paradela, Pedro Vasconcelos Botelho, Pedro Victor Arouck Melo, Pedro Vinícius de Souza Fonsêca, Phelipe Miguel Chibicheski, Plauto Macedo Machado, Rafael Alves de Lima, Rafael Blay, Rafael Bruno da Silveira, Rafael da Silva, Rafael de Almeida Serra Dias, Rafael de Freitas Costa, Rafael Derenji de Almeida, Rafael Esmeraldo de Aquino, Rafael Ferreira de Souza, Rafael Gomes de Souza, Rafael Kalebe Ribeiro Ferreira, Rafael Leal Ribas, Rafael Lima Araujo, Rafael Lopes, Rafael Maciel da Silva, Rafael Maciel de Castro Villar, Rafael Mahfoud Marcoccia, Rafael Mariano Araujo Bezerra, Rafael Melo Bizarelo da Silva, Rafael Melo Pousas, Rafael Mendes Pereira, Rafael Mendonça dos Santos, Rafael Nunes Ferreira Silva, Rafael Oliveira

Castro, Rafael Pedro Bom Siviero, Rafael Peres e Serra, Rafael Pires Defelippe, Rafael Servo, Rafael Silva de Moraes, Rafael Silva e Sousa, Rafael Skroch Andretta Vasconcelos, Rafael Souza Alves, Rafael Tavares Pinto, Rafaela de Cassia Zabin, Rai Navarro Magalhães, Railan Alex Cavasin, Railson Venâncio Rodriguês, Ramirez da Silva Dias, Ramon Bisson Ferreira, Ranieri Cipriani Victorino, Raphael Coelho, Raphael Dala Dea Camacho Pontremolez, Raphael Ferreira Nascimento, Raphael Lima Riveiro, Raphael Maciel Rezende de Souza, Raphael Pedrosa de Souza Amaral, Raphael Trevisani Migrone, Raphael Valério, Raquel Dal Dianco Missio, Raul Andreucci, Raul Paulillo Chrispim, Redley da Silva Alves, Reginaldo Amstalden Junior, Reginaldo Junior, Renan Alencar Andrade, Renan Alexandre Correa de Lima, Renan Contreira, Renan Fernandes Gama Basilio, Renan Henrique do Carmo, Renan Lima, Renan Rodrigues Torres, Renata Luiza Furtado Santos de Araujo, Renato D'Angelo Cecere, Renato Kartalian, Renato Resende, Renato Schouchana, Renato Sen Kwan Chiu, René Chaves Amado, Rene Vinicius Donnangelo Fender, Ricardo Alexandre Martinez Filho, Ricardo Alves Castelo Costa, Ricardo Alves Lourenço, Ricardo Augusto Fonseca Paranhos, Ricardo Augusto Freitas Xavier, Ricardo C. S. Porto, Ricardo Carra Marsilio, Ricardo Carrion, Ricardo Fernandes Costa, Ricardo Scavariello Franciscato, Roberta Batista Bezerra, Roberta de Oliveira Drumond, Roberto Augusto Lazzarotto Pereira, Roberto Peruzzo, Roberto Pinto dos Santos Filho, Roberto Pypcak Junior, Robisson Barros Henriques Pecanha, Robson de Lazzari, Rochelle Sales Cruz, Rodolfo Augusto de Souza, Rodolfo Rodrigues, Rodrigo Augusto Lazzari Lahoz, Rodrigo Barbosa Melo, Rodrigo Briques Romani, Rodrigo Cabral Faraco, Rodrigo Carbonel, Rodrigo Carneiro Rocha, Rodrigo Costa Boldrim, Rodrigo de Azevedo Gomes, Rodrigo de Oliveira Moreira, Rodrigo de Sales Neves, Rodrigo Felipe de Andrade, Rodrigo Ferreira da Costa, Rodrigo Gonçalves Aires, Rodrigo Kaufmann Martinuzzi, Rodrigo Kenji Hatada, Rodrigo Lage Sacramento, Rodrigo Lopes, Rodrigo Macedo Sotorilli, Rodrigo Martins Jardim Paes, Rodrigo Morais, Rodrigo Moura Rocatto, Rodrigo Nunes, Rodrigo Pinheiro Campos, Rodrigo Rossi Fragoso, Rodrigo Santana da Silva, Rodrigo

Santos, Rodrigo Trabulse Vianna, Roger Thiago Azevedo da Silva, Rogerio Alves da Costa, Rogério Arantes Luis, Rogerio Marcos Ferreira Soares, Romulo Ribeiro Alexandre, Romulo Rocha Lemes, Rômulo Rodrigues Pereira, Roney Soeiro de Faria, Rosimery da Conceição Campos, Rossana Zott Enninger, Rubens Correa Barros Neto, Sabrina Stefania de Paiva, Samuel Francisco Freddi Bassoli, Samuel Jose de Melo Soares, Samuel Lara Ferreira de Resende, Samuel Tavares da Rocha, Sarah Tonon Reis, Saullo Hipolito Vieira, Sergio de Souza Ribeiro, Sergio Koln, Sergio Luis Ribeiro Jardim Filho, Sérgio Luiz Sambugari Junior, Sergio Paulo Barbosa do Couto, Sérgio Pereira da Silva, Silvia Federicci Rosa, Spyros Apostolo Diamantaras, Stanley Rodrigues, Stéphano Kilpp Suhre, Sthephanie Thomazini Nunes, Taiane dos Santos de Souza, Tais L. Bellini, Talyssa Neves Machado, Tarik de Moraes Duarte, Tarik Minari Groth, Tato Coutinho, Téo Ferraz Benjamin, Thadeu Luiz Almeida Rodrigues, Thais Azevedo Piechotta, Thales Mateus Euzébio, Thales Santos Campanati, Thays Guimarães da Silva, Thayuan de Abreu Lopes Leiras, Thiago Almeida da Silva, Thiago Alonso Stephan Lacerda de Sousa, Thiago Amaro, Thiago Araujo da Silva, Thiago Augusto Carvalhaes Fonseca, Thiago Augusto Pinto e Souza, Thiago Bestene Eluan, Thiago Bettega Lourenco, Thiago Dalla Costa Aquino, Thiago de Macedo Bartoleti, Thiago Dias de Oliveira, Thiago Fernandes Adão, Thiago Filipe de Lacerda Cruz, Thiago Gomes Eirão, Thiago Henrique de Aguiar Silva, Thiago Macedo Gastão Pinheiro, Thiago Marcelo Silveira Cocito, Thiago Monteiro Perdigão Castro, Thiago Mossini Balbino dos Santos, Thiago Nunes de Jesus, Thiago Oliveira, Thiago Pereira Soares de Araújo, Thiago Pereira Vizioli, Thiago Rafael Matheus de Campos, Thiago Ribeiro Silva, Thiago Rodrigo Pereira da Silva, Thiago Sousa de Oliveira, Thiago Torsone, Thiago Vicentin Pereira, Thiago Wrobel, Thiago Zanona, Thomas Araujo Marinho, Thomás Garcia, Thomas Ravagnani Cury, Tiago Alves de Oliveira Sousa, Tiago Barão, Tiago dos Santos Cruz Silva, Tiago Emanuel Campelo Kopp, Tiago Eugenio Ruas Ribeiro, Tiago Oliveira de Souza, Tiago Vieira Paula Benia, Tomás Acioli Pinkoski, Tomas Grover, Tulio Bonanni Lino de Paiva, Ualace Amado da Costa, Uelder Cleber de Melo Silva, Uirá Fonseca

RODRIGO BARNESCHI

Fernandes, Ulisses Faust Machado, Ulisses Neto, Valdir Aparecido Meneghello, Valeriano Jose de Freitas Filho, Valmir Iago Verissimo Braga, Vanderson Pimentel, Vanessa Fróes Bastos, Vania Martins Marra, Victor Alves, Victor Arcanjo Pozella, Victor Cunha Vitorino dos Santos, Victor de Oliveira Fiuza, Victor Eduardo Rodrigues Santos, Victor Henrique Rodrigues Limeira, Victor Hugo Borges Martins Silva, Victor Hugo da Paz Silva, Victor Hugo Fagarassi, Victor Hugo Farrabras de Souza, Victor Hugo Simões Viégas, Victor Hugo Xavier Brandao, Victor Jeronimo Ferrante Alves, Victor Martins Tavares da Silva, Victor Mendes Xavier Conceição, Victor Mendonça Paixão, Victor N. R. Chimisso, Victor Pessoa, Victor Ramos Zambrano, Victor Silva de Andrade, Victor Simões David, Victor Souza Vieira, Victor Vinissius Marinho da Costa, Vinicius Alves dos Santos, Vinicius Alves Prado, Vinícius Amburgo Silva, Vinícius Arapiraca Éllena, Vinicius Bacelar, Vinicius Basilio de Moraes, Vinicius Bastos Dias, Vinicius Cardoso Ribeiro, Vinicius de Almeida Rodrigues, Vinicius de Souza Gonzaga, Vinícius Fernández Moreira, Vinicius Gama de Oliveira, Vinicius Gobatto Simões Barreiros, Vinícius Krein Elicker, Vinícius Ladeira Agner, Vinicius Leao Jamas Garcia, Vinícius Mattiusso Alves, Vinícius Míscoli Torres, Vinícius Palheta, Vinicius Peralta Mandicaju, Vinicius Portella de Moraes Monteiro, Vinicius Ricardo Soloviev, Vinicius Rovaris, Vinicius Santos Hirose, Vinicius Serpa Façanha, Vinicius Vargas Facco, Vinícius Xavier França, Virgilio Campos da Paixão, Virgilio Sena, Vithor Parada Garcia, Vitor Sala de Oliveira, Vitor Ayres Principe, Vitor Bertolani Jeronimo, Vitor de Camargo Ruiz, Vitor Emanuel Pires Henriques, Vítor Galvão Gonçalves da Vila, Vitor Gerk Naegele Lucas, Vitor Gomes Bertalan, Vitor Gonçalves de Almeida, Vitor Neves Pinheiro, Vitor Nunes de Oliveira, Vitor Pacífico Feitosa, Vitória Correa, Vitória Family Corrêa dos Santos, Viviane Tessari Buk Cardoso, Vantuil Nascimento de Miranda, Wagner Valter Vale Rodrigues, Walisson Felipe Goncalves Fernandes, Wallace Alves da Rocha, Walter Strozzi Filho, Welff Schivitz Póvoa Júnior, Welimar Elias Júnior, Wendel Marcos Sabatine Mariano, Wendell de Freitas Amaral, Wender Madalena da Silva, Wesley Fernando Machado, Wesley Lucas de Almeida Morbis, Willen Vieira, William da Silva Queiroz,

William Fronza Stolf, William Linck, Willian Casagrande da Silva, Willian dos Santos Ferreira, Willian Giasson, Willian Gouveia Ferreira, Wilson Carlos Barbosa, Wilson Rossato, Wilson Sousa de Jesus Junior, Wladimir de Castro Rodrigues Dias, Yago Barros Barbosa, Yagoh Corrêa Silvestre, Yan Almeida Resende, Yan Mauro do Santos Silva, Yan Nogueira, Yohan Rebouças Alvarez, Youssef Couto Kanaan, Yuri Bitencourt Martins, Yuri Dias Barbosa, Yuri Marcos Vieira da Cunha Montanini, Yuri Marins Ceccagno, Yuri Neves Gazen, Yuri Nobre da Roza.

Este livro foi composto na fonte Chaparral [texto]
e Asphaltic Grain Condensed Perso [títulos],
impresso pela gráfica Rotaplan em papel Pólen Soft 80g
e diagramado pela BR75 texto | design | produção.
Rio de Janeiro, 2021